Rudi Obauer

Ich koche, also bin ich

Aufgezeichnet von Klaus Kamolz

1. Auflage
© 2017 Ecowin Verlag bei Benevento Publishing,
eine Marke der Red Bull Media House GmbH, Wals bei Salzburg

Medieninhaber, Verleger und Herausgeber:
Red Bull Media House GmbH
Oberst-Lepperdinger-Straße 11–15
5071 Wals bei Salzburg, Österreich

Umschlaggestaltung: www.b3K-design.de,
Andrea Schneider, diceindustries
Satz: MEDIA DESIGN: RIZNER.AT
Printed in Slovakia

ISBN 978-3-7110-0116-0

Inhalt

Kapitel 1
Erkenne die Manipulation!

Freiheit, das ist ein großes Wort, vielleicht sogar eines der wichtigsten in der Geschichte unserer Art namens Homo sapiens. Ob wir über sie verfügen, anders gesagt: ob wir sie leben können, bestimmt unsere Existenz, seit wir sozusagen von den Bäumen herabgestiegen sind und die Option des aufrechten Ganges gewählt haben. Er hat uns beweglicher gemacht, uns die Möglichkeit eröffnet, tierischer Beute nachzustellen, den Ressourcen über lange Strecken zu folgen, Gefahren zu entkommen, neue Lebensräume zu erschließen und letztendlich den gesamten Planeten zu erobern. Die alten Germanen haben einen freien Menschen als *frī-halsa* definiert, als jemanden, dem sein Hals gehört.

Aber schon damit wurde auch unterschieden zwischen Menschen, die über dieses Privileg verfügten, und solchen, die es nicht hatten.

Über Jahrtausende hat das Verlangen nach Freiheit die Menschheitsgeschichte gelenkt: politisch, ökonomisch, religiös, existenziell. Es war seit der Antike ein harter Kampf, der Leibeigenschaft zu entrinnen, in der der weit größere Teil der Menschheit gefangen war, den Gott anzubeten, an den man glaubte, wenn man es denn tat, und sich eine eigene, freie Existenz in Gestalt von Grund und Boden zu erwerben, die das Überleben sicherte.

Niemand wird mir widersprechen, wenn ich behaupte, dass sich die meisten von uns in der sogenannten »freien Welt« heute frei fühlen, zumindest in dem Sinn, in dem die Allgemeine Erklärung der Menschenrechte den Begriff der Freiheit beschreibt. Auf dem Papier läuft das so ab: Wir dürfen uns versammeln, Partnerschaften eingehen, mit wem wir wollen, oder Eigentum erwerben; wir haben Anspruch auf Rechtsschutz, soziale Sicherheit und Zugehörigkeit zu einem Staat. Und vor allem haben wir die Freiheit, darüber zu entscheiden, welche Personen unser Gemeinwohl verwalten und gestalten, sprich: Wir können zur Wahl schreiten.

Ich musste das vorausschicken, denn ich hege ernsthafte Zweifel an der Vollkommenheit unserer vielbeschworenen Freiheit. Natürlich wird in den meisten Fällen nicht mehr autoritär daran gerüttelt, sondern ganz subtil. Wir fühlen uns frei, weil uns vorgegaukelt wird, dass wir frei sind in unseren Entscheidungen und dass wir die Wahl haben, das zu tun, zu erwerben oder sein zu lassen, wonach uns gerade ist. Aber kennen wir wirklich alle unsere Optionen? Nein, mit Sicherheit nicht. Höhere Mächte sortieren sie für uns vor.

Das klingt hochtrabend. Welche höheren Mächte? Die Frage ist nicht leicht zu beantworten, aber ich will es versuchen. Es ist für mich eine schwer durchschaubare Mischung aus konkreten und abstrakten

Phänomenen und aus Prozessen, die uns nach den Vorstellungen anderer formen, weil wir eben formbar sind. Im Prinzip geht es um die Industrie mit ihrem Sturmtrupp, der Werbung, die sich eine menschliche Neigung zunutze macht: nämlich die, sich wie Wasser zu verhalten, das sich seit Milliarden Jahren den leichtesten Weg bahnt. Wir glauben zu fließen, wohin wir wollen, aber in Wahrheit lenken hübsch anzusehende Gesteinsformationen unseren Fluss. Und auch den Fluss unseres Geldes und unserer Zeit.

Ich bin Koch. Ich könnte das auch anders formulieren: Ich beschäftige mich damit, das herzustellen, ohne das wir nicht leben können. Und ich habe ein Verständnis von meinem Beruf, das nicht jenseits des Topfrandes endet. Deshalb glaube ich, dass wir über den Zugang zu unserer Ernährung unsere bedrohte Freiheit bewahren und sogar mehren können. Auch wenn es pathetisch klingt, aber Kochen, Essen und Trinken ist unser Leben, weshalb es naheliegt, dass wir über diesen Weg auch gesamtheitlich unsere Mitte finden können. Kreisen wir rastlos und frustriert um diese Mitte, greifen wir häufig zu Formulierungen, die einen Mangel an kulinarischem Genuss beschreiben: Uns vergeht der Appetit, wir werden ungenießbar, fressen unsere Sorgen in uns hinein und haben schließlich alles satt. All das passiert, wenn unsere Selbstbestimmung eingeschränkt ist. Aber das wissen wir oft nicht einmal, es umschleicht uns bloß ein ungutes Gefühl, ganz so, als fühlten wir uns beobachtet, und wenn wir uns umdrehen, ist da vermeintlich gar nichts.

Zurücklehnen, entspannen, nachdenken. Da ist sehr wohl etwas, das uns insgeheim lenkt. Wir können es erkennen und der Manipulation ein Schnippchen schlagen. Unternehmen wir doch ein paar erste, einfache Schritte auf dem Weg zu größerer Freiheit.

Hier muss ich einen kleinen Einschub machen: Da ich aus den Bergen komme, wo immer noch mein Lebensmittelpunkt liegt, erlaube ich mir eine Gepflogenheit, die sich heute häufig nicht mehr geziemt. Ich erlaube mir, liebe Leserin und lieber Leser, das Du-Wort. Ganz so, wie wenn ich meine Lieferanten, die uns mit wunderbaren Lebensmitteln versorgen, besuche und auf einen Plausch verweile, wie auf einer Berghütte, wenn zwei ins Gespräch kommen.

Eine erste kleine Fingerübung: Wie trinkst du, wenn ich fragen darf, deinen Kaffee? Nimmst du zu Hause zwischendurch einen schnellen Schluck, wenn du dich für den Tag fertig machst? Stellst du dich an einem Schalter an, um einen Kunststoffbecher zu holen, mit dem du dich ins Auto setzt oder durch die Straßen eilst?

Wenn wir uns die Frage bewusst stellen, werden wir entdecken, dass das nicht selten der Fall ist. Das Widersprüchliche daran ist, dass wir gleichzeitig andere Kulturen für ihren entspannten Umgang mit der kleinen Dosis Koffein bewundern. Auch ich liebe Italien, und einer der vielen Gründe dafür liegt genau darin: Ich sehe dort weit weniger Menschen, die keine Zeit für eine Tasse Kaffee im Verweilen haben. Stattdessen sehe ich Menschen, die eine Bar betreten, oft über viele Jahre dieselbe, dort vom Barista mit Namen begrüßt werden (»Buon giorno, Giovanni, come stai?«), der einen heißen, herrlich duftenden Espresso durch die Brühgruppe schickt und ihn auf die Theke stellt. An der Theke kostet der Kaffee viel weniger als bei Tisch, weshalb man dort fast immer jemanden trifft, der auf ein kurzes Gespräch einsteigt.

Jetzt frage ich: Beginnt so der Tag nicht ganz anders als mit einem wortlosen Balanceakt mit einem Becher durch die Menschenmengen? Der Zeitaufwand für diese genussvolle Art sich zu sammeln beträgt ungefähr zehn Minuten, in denen du ein interessantes oder unterhaltsames Gespräch geführt, vielleicht auch Neuigkeiten erfahren, kurzum: dich als kommunizierendes Individuum wahrgenommen hast. Frei ist nur das Individuum, nie die Masse.

Erinnern wir uns nun an diese diffusen höheren Mächte, die ich vorher schon erwähnt habe, diese Gottheit Markt, die unser Wesen kennt und es sich zunutze macht. 1957 ist in den USA ein erstaunlich aufklärerisches Buch erschienen, das die Strategie unserer Manipulation eindringlich beschrieben hat: *Die geheimen Verführer* von Vance Packard. Der Autor hat darin die damals gängigen, gefinkelten Methoden ausgeplaudert, mit denen uns die Werbung manipuliert oder sogar, wie manche meinen, auf moderne Art versklavt; und Sklaventum – auch wenn wir es gar nicht zu spüren glauben – ist nun einmal das Gegenteil von Freiheit. Packard schreibt: »Wir verfügen jedoch über eine starke Verteidigungswaffe gegen derartige Verführer: Es steht uns frei, uns nicht verführen zu lassen. Wir haben diese Wahl in praktisch allen Situationen, und man kann uns nicht ernstlich manipulieren, wenn wir wissen, was gespielt wird.«

60 Jahre später müssen wir feststellen, dass Packards Optimismus verfehlt war.

Im Gegensatz zu gebrannten Kindern, denen wir eine hohe Lernfähigkeit attestieren, greifen wir seither wieder und wieder auf die heiße Herdplatte. Der Schmerz ist zwar nicht klinischer Natur, aber er macht uns unfrei, fremdbestimmt.

Wir kaufen und konsumieren, kaufen und konsumieren. Warum wir das tun? Weil wir in einer Welt von Rabatten, Sonderangeboten und Versprechungen leben und von diesen so sehr benebelt sind, dass wir gar nicht mitbekommen, dass uns die höheren Mächte nichts schenken, sondern das ewige Konsumspiel am Laufen halten wollen.

Schnell ein paar Beispiele: Du hast vor längerer Zeit eine Packung Salz gekauft, aber die ist leider vor einem halben Jahr abgelaufen. Wirst du sie entsorgen? Dann wirf auch gleich deinen Granitmörser weg, denn dessen Rohstoff ist ungefähr so alt wie das aus dem Berg gehauene oder aus Meerwasser gewonnene Salz. Du solltest bloß wieder einmal neues Salz kaufen, findet irgendwer, Millionen Jahre altes Salz mit Ablaufdatum. Es gibt übrigens noch eine Reihe anderer Produkte, die ich nach Ablauf der Mindesthaltbarkeitsdauer nicht wegwerfe, sondern oft sogar noch besser finde: Parmesan oder Bergkäse, die ein paar Wochen drüber sind zum Beispiel, Zucker oder Hülsenfrüchte, Reis und eierlose Teigwaren oder Essig. Du musst deinen Küchenkram nur ordentlich lagern, auch das befreit dich vom Druck der Konzerne.

Du stehst vor zwei verschiedenen Marken Mineralwasser, auf einer davon prangt deutlich sichtbar die Kennzeichnung »gluten- und lactosefrei«. In diesem Fall halte kurz inne. Und frage dich, bevor du das vermeintlich verträglichere nimmst, wie viel Getreidekleber und Milchzucker Wasser enthält.

Du siehst ein Produkt. Die Preisangabe, sagen wir 20 Euro, ist durchgestrichen, daneben prangt in grellfarbigen Ziffern der neue Preis: 10 Euro! Du brauchst dieses Produkt aber gar nicht. Berechne nun:

Hast du, wenn du zuschlägst, 10 Euro gespart oder sinnlos ausgegeben?

Ich habe für alltägliche Einkäufe eine Methode entwickelt, mit der ich ganz gut fahre. Ich versuche, sie dann zu erledigen, wenn ich relativ wenig Zeit habe; ich versuche auch, meine Einkaufsliste einzuhalten (gegen Sonderangebote für etwas, das ich benötige, habe ich natürlich nichts einzuwenden). Salopp gesagt: Wer zu viel Zeit hat, kauft auch zu viel *Schmarrn*. Wobei ich hinzufüge, dass ich das gemütliche Einkaufen von Lebensmitteln nicht missen möchte; ich werde später noch darauf zurückkommen. Aber diese Wege führen mich woanders hin: auf Märkte und zu guten Produzenten. Diese Freiheit nehme ich mir.

Wenn ich mit solchen Einkäufen vom Markt nach Hause komme, folgt Phase zwei. Ich werde für den Erwerb guter Produkte, von denen ich genauso viel genommen habe, wie ich brauche, anstatt einer folierten Styroportasse mit vorgegebener Menge, mit wunderbaren Gerüchen belohnt: ein gutes Brathendl, das nach Rosmarin und Salbei duftet, ein Curry mit Safran, Vanille und Milch, frisches Obst. Mir läuft das Wasser im Mund zusammen, Erinnerungen steigen hoch – an frühere Zeiten, in denen jeder Geruch echt war.

Ich betone das, weil es nicht mehr so ist. Die Industrie weiß um die Macht der Düfte und spielt ihr Spiel mit uns. In großen Hotels riecht es nach Lärchenholz oder Apfelkuchen, in Reisebüros nach Kokosnuss, in Boutiquen gerne auch nach schwerer, schwülstiger Vanille. Oder, wenn die Sommerkollektion angekommen ist, nach Meer und Blumenwiese. Wir werden künstlich beduftet in doppeltem Sinn: Erstens riecht es an diesen Orten gar nicht wirklich so, und zweitens haben die Gerüche nichts mit dem Produkt, dessen Odeur sie verströmen, zu tun. Sie sind rein chemisch und zielen auf unsere emotionale Verführbarkeit. Wir können auf die Beduftung kommerzieller Orte keinen Einfluss nehmen, aber ich bin davon überzeugt, dass es unser Gefühl der Selbstbestimmtheit stärkt, wenn wir – wie Vance Packard schrieb – »wissen, was gespielt wird«.

Bei den Lebensmitteln selbst ist es vielfach nicht anders. Wir sollten deshalb genauer hinsehen. Ein Erdbeerjoghurt muss nicht unbedingt etwas mit echten Erdbeeren zu tun haben; jedes Aroma ist künstlich herstellbar. Das teure Trüffelöl von der letzten Italienreise riecht in Wahrheit nach einer Substanz namens Bismethylthiomethan, die aus flüssigem Gas gewonnen wird. Für den charakteristischen Geruch eines Erdbeerjoghurts gibt es einen Stoff, der eigens dafür entwickelt wurde und Erdbeeraldehyd genannt wird. Wir dürfen uns auch nicht täuschen lassen, wenn wir auf dem Becher von »natürlichem Erdbeeraroma« lesen: Die Lebensmittelindustrie darf Duftstoffe aus anderen natürlichen Komponenten basteln, die nichts mit dem eigentlichen Produkt zu tun haben, und sie »natürlich« nennen.

Wollen wir das? Ich glaube nicht, dass es viele Menschen gibt, die das bejahen. Ich schlage deshalb vor, sich die Freiheit zu nehmen, den echten Geschmack zu erleben. Die Zubereitung dieses nicht unbedingt ausführlichen Befreiungsrezeptes nimmt etwa eine Minute in Anspruch: in der Saison eine Handvoll frische, vollreife, mit Süße geschwängerte Erdbeeren waschen, mit der Gabel leicht zerdrücken und in ein gutes Joghurt rühren.

Das ist ein guter Einstieg auf dem Weg, sich freizukochen.

Probier doch einmal das!

Mein liebstes Erdäpfelgericht
Besorge dir kleine Erdäpfel einer guten violetten Sorte (zum Beispiel aus dem Lungau oder aus dem Waldviertel), wasche sie gründlich, gib sie ungeschält in einen Dämpfer und gare sie weich. Halbiere die Erdäpfel der Länge nach, gib sie auf eine Vorlegeplatte, gieß ausreichend bestes Olivenöl darüber, bestreue sie mit frisch geschnittenen Kräutern (Rosmarin, Zitronenthymian, Majoran, Estragon und, so-

fern vorhanden, zerdrückten frischen Wacholderbeeren) und würze sie mit Brennnesselsalz; wie du das machst, erzähle ich dir gleich. Ich esse diese Erdäpfel gerne wahlweise mit Ziegenfrischkäse, luftgetrockneter Gänsebrust, geselchtem Schweinebauch oder pochierten Eiern.

Für das Brennnesselsalz ernte im Spätsommer gerade verblühte Brennnesseltriebe, hänge sie zum Trocknen an einem schattigen Platz auf, reble, wenn die Blüten trocken sind, die Samen ab und siebe sie durch ein grobes Sieb, um Pflanzenreste zu entfernen. Röste die Samen in einer fettfreien Eisenpfanne leicht an und vermische sie dann im Mörser unter sanftem Stoßen mit grobem Meersalz.

Checkliste

- Wie oft trinkst du deinen Kaffee im Gehen?
- Wann bist du zum letzten Mal stundenlang mit einer Zeitung im Kaffeehaus gesessen?

- Wann hast du zum letzten Mal ein vergünstigtes Produkt aus dem Einkaufswagen wieder ins Regal befördert, weil dir in den Sinn gekommen ist, dass du es gar nicht brauchst?
- Wann hast du zum letzten Mal die Zutatenliste eines industriell erzeugten Lebensmittelprodukts durchgelesen?
- Fallen dir in Geschäften oder Hotels Düfte auf, die eigentlich gar nicht zum Ort passen, an dem du sie wahrnehmen kannst?
- Wie viele Lebensmittelzusatzstoffe mit E-Nummer kennst du?
- Hast du schon einmal eine abgelaufene Packung weggeworfen, in der sich viele Millionen Jahre altes Salz befunden hat?
- Wann hast du das letzte Mal einen Bauernmarkt besucht?
- Wann hast du das letzte Mal irgendwo selbst Obst gepflückt?
- Wann hast du das letzte Mal frische Früchte mit Joghurt verrührt?

Kapitel 2
Wirf den Stress weg!

Wenn wir von Stress reden, meinen wir oft nur die Spitze des Eisbergs. Wir verbinden Stress mit sichtbarer Atemlosigkeit, mit spürbarer Anspannung, mit aggressiver werdendem Verhalten, mit erhöhtem Puls. Stress lastet in Beziehungen ebenso auf uns wie am Arbeitsplatz und sogar in unserer Freizeit. Wir stehen unter Zeitdruck, haben Angst zu versagen und sorgen uns fortlaufend um die Sicherheit unserer Existenz. Und das Verrückte daran ist, dass wir unseren eigenen Stress fast wie einen Orden an der Brust tragen, denn er signalisiert unserer Umwelt, dass wir wichtig sind, gebraucht werden, womöglich sogar unersetzbar sind.

Mach die Probe aufs Exempel: Wen hältst du für ein »wertvolleres« Mitglied unserer Gesellschaft? Einen Menschen, den du mitten an einem Wochentag auf einer Parkbank sitzen, die Zeitung lesen oder einfach nur in die Luft starren siehst? Oder einen, der im Anzug oder Businesskostüm mit umgehängter Computertasche durch die Straßen eilt und keinen Blick nach links oder rechts verschwendet?

Wenn wir ehrlich zu uns selbst sind, schwingt beim Betrachten von Person 1 ein ganz leichter Vorwurf von Faulheit mit, während wir Person 2 automatisch ein erfolgreiches Leben bescheinigen, ihr also einen höheren Wert im Sinne unseres zeitgemäßen Begriffs von Bedeutung zumessen. Ich kann mir aber gut vorstellen, dass es genau umgekehrt ist – dass da jemand in aller Ruhe seine Gedanken sammelt und dabei zu sich kommt, während der andere in Wahrheit in der sinnlosen Meeting-Hölle schmort und ohnehin gleich von seinen Vorgesetzten eine auf den Deckel und damit wieder einmal seine Bedeutungslosigkeit vor Augen geführt bekommt.

Die beiden Menschen, die ich kurz einander gegenüber gestellt habe, sind allerdings nur Archetypen, eben genau jener kleine aus dem Wasser ragende Teil des aus Stressfaktoren bestehenden Eisbergs, den ich eingangs erwähnt habe; etwa 90 Prozent befinden sich darunter. Und von diesen 90 Prozent hat ein nicht unwesentlicher Teil mit den modernen Umständen unserer Ernährung zu tun. Man muss der Wahrheit ins Auge sehen: Eine Welt, die vorgaukelt, uns das Leben zu erleichtern, deckt uns zunehmend mit etwas ein, das ich durchaus als harte Arbeit bezeichnen möchte, manchmal psychische, manchmal aber auch richtig physische. Was ich damit meine? Ein paar Beispiele nur:

In immer schnellerem Takt müssen – oder sollten – wir unsere noch gar nicht so alten Gewohnheiten zu kochen und zu essen umstoßen, weil die Flut an Ernährungsideologien, die oft mit religiösem

Eifer an uns herangetragen werden, einander radikal widersprechen. Denken wir nur an die Kluft zwischen dem Veganismus und der aus Forschungen über steinzeitliche Ernährung abgeleiteten Paleo-Diät, die vorwiegend aus Fleisch besteht. Generell werden heute ernährungsphysiologische Ansichten als jeweils alleingültige Wahrheiten verbreitet; das Instrument dafür ist die Erzeugung von schlechtem Gewissen beim »Gegner«, und schlechtes Gewissen, womit auch Unsicherheit einhergeht, erzeugt Stress.

Haben wir beim Einkaufen endlich das Richtige für uns gefunden, tappen wir in die nächste Stressfalle, die neuerdings für uns aufgestellt wird: Wir erleben die vermeintlich große Freiheit an der Supermarktkasse, indem wir an Selbstbedienungsschaltern die Waren selbst scannen dürfen. Barcode für Barcode schieben wir über den Sensor, dann geht plötzlich nichts mehr weiter, weil wir für eine Flasche Wein oder Bier eine Altersfreigabe brauchen, die uns nur die über die Selbstbedienungskassen Wachenden geben können, die aber gerade damit beschäftigt sind, jemanden an einer anderen Selbstbedienungskasse einzuschulen. Wir werden zunehmend genervter, denn wenn die Sache mit dem Wein erledigt ist, stehen wir vor dem Problem, unsere Rabatte geltend machen zu wollen, deren Codes in einer seitenlangen Liste über dem Kassenautomaten versteckt sind. Wir verlassen das Geschäft – erraten – gestresst. Wir sind dabei, uns die schwere, schlecht bezahlte Arbeit der Supermarktkassiererinnen umhängen zu lassen, was uns naturgemäß überfordert. Ich halte das nicht für nebensächlich. Viele Menschen sind nach einem solchen Erlebnis an der Supermarktkasse so erschöpft und gestresst, dass es eine Weile dauert, bis sie sich wieder entspannen können. Und was Stress mit unserer Fähigkeit zu kochen macht, darauf komme ich gleich zu sprechen.

In solchen Situationen neigen wir dazu, uns zu belohnen, zum Beispiel mit einem

Stück Schokolade oder einer Schaumrolle, einer Salamipraline oder würzigem Knabbergebäck; warum wohl liegt all dieses Zeug unmittelbar vor den Kassen griffbereit? Den herzhaften Biss in einen knackigen Apfel hat unser Körperhaushalt in diesem Moment nun einmal nicht vorgesehen.

Sehr süß oder sehr salzig: Wenn der Mensch unter Druck steht, neigt er hormonbedingt zu sensorischen und quantitativen Extremen; dass Stress unseren Geschmackssinn manipuliert, ist durch zahlreiche Studien erwiesen. Wir erleben Heißhungerattacken, wir greifen zu anderen Nahrungsmitteln, weil das Gehirn schnelle Energiezufuhr braucht.

Auch mich findet man in angespannten Situationen immer wieder im Schokoladelager unseres Restaurants oder an einer Herdplatte, wo ich mir so rasch wie möglich ein paar Palatschinken brutzle. Ich habe das früher nie hinterfragt, es war eben so: schnelle Energiezufuhr, weitermachen. Ich habe dem Stress, unter dem ich stand, keine Bedeutung beigemessen, und so konnte es passieren, dass er sich schleichend über mein Leben wölbte und es veränderte. Ich habe sogar Warnzeichen missachtet, bis mir dieses Leben eine Zwischenrechnung präsentiert hat. Es hat wohl schon lange zugesehen, wie ich mit mir selbst umspringe.

Ich muss kurz ausholen. Als Köche und Betreiber eines Restaurants der gehobenen Kategorie stehen wir – mein Bruder Karl und ich – im Rampenlicht. Unsere Erzeugnisse müssen Tag für Tag vor Menschen bestehen, die uns mit dem Anspruch besuchen, auf keinen Fall auch nur ansatzweise enttäuscht zu werden. Schließlich haben sie eine ganz bewusste, nicht alltägliche Entscheidung getroffen: eine nicht ganz unbedeutende Summe Geld in einen Besuch voll kulinarischer und atmosphärischer Genüsse zu investieren, den sie in positivem Sinn nicht so schnell wieder vergessen wollen. Wir stehen aber auch zunehmend öffentlich auf dem Prüfstand, werden getestet und bewertet wie Menschen, die Romane schreiben, Bilder malen und Musik komponieren. Ich glaube behaupten zu können, dass mich der Druck durch Hauben und Sterne nie belastet hat; das Beste für unsere Gäste wollen wir auch ohne das Wirken der Kritiker. Wir wollen aus uns heraus gute Köche sein, Vorbilder für unseren Berufsstand. Das ist der Druck. Ein hoch bezahlter Fußballstar, der vor 80 000 Zuschauern einen wichtigen Elfmeter verschießt, denkt in diesem ersten Moment, so vermute ich, weder an seinen Vertrag noch an die Schlagzeilen vom nächsten Morgen. Er ist mit seinem Gefühl, versagt und der Mannschaft Schaden zugefügt zu haben, allein. Wir Köche würden sagen, er hat den Hauptgang vermasselt.

Als Karl und ich Anfang der 1980er-Jahre nach Lehrjahren in einigen der besten Häusern Europas begonnen haben, das Restaurant in Werfen zu einem zeitgemäßen Restaurant zu entwickeln, war unsere Triebfeder ganz einfach, dass wir – wie man bei uns sagt – *was G'scheites machen* wollten; an Hauben und Sterne haben wir keinen Gedanken verschwendet. Wir selbst waren das Maß. Es ist grundsätzlich eine der Stärken von meinem Bruder und mir, dass wir, wenn wir von hinten einen Hauch spüren, immer noch zulegen können, wie ein Marathonläufer, der den Atem des Verfolgers spürt, der ihn überholen könnte.

Die Ansprüche, die wir an uns stellten, führten anfangs allerdings auch zu Verunsicherungen, über die ich heute gelassen schmunzeln kann. Ich kann mich noch erinnern, dass sich eines Tages unser Zapf-Onkel zum Essen angekündigt hat. Wir haben also seinen Tisch hübsch gedeckt, mit Tuch und Schmuck und Kerzen. Andere Gäste fragten, warum nur dieser Tisch eingedeckt sei, und wir antworteten, die Person habe eine Reservierung. Also mussten wir fortan wohl, um alle Gäste gleich zu behandeln, alle Tische ansprechend decken. Dann aber sahen Leute zum Fenster herein, glaubten, hier finde eine Hochzeit oder sonstige geschlossene

Gesellschaft statt, und gingen weiter. Wir haben daraufhin entlang der Fenster einige Zeit nicht mehr hübsch gedeckt, sind aber bald wieder zur gepflegten Tischkultur zurückgekehrt. Wir sprachen ja auch ein Publikum an, nämlich jenes, das im Sommer die Salzburger Festspiele besuchte, das auf so etwas Wert legte.

Die Belastungen wuchsen. Im Sommer haben wir immer öfter bis weit nach Mitternacht gekocht, um den Gästen nach den Vorstellungen noch ein Menü zu servieren. Ich wurde in angespannten Situationen langsam unleidlich, konnte mich über jede Kleinigkeit aufregen. Ein nicht sofort ausgeleerter Aschenbecher, eine welke Blüte im Tischschmuck, ein schiefes Polster – und ich bin in die Luft gegangen. Danach habe ich mich zwar gefragt, ob ich denn blöd bin, mich über so etwas in diesem Ausmaß aufzuregen. Dass ich in Wahrheit drauf und dran war, für ein Erste-Klasse-Bett im Krankenhaus zu arbeiten, blieb mir noch verborgen.

Meine Fähigkeiten als Koch habe ich dadurch auch nicht gerade pfleglich behandelt. Stress, ich habe es schon erwähnt, manipuliert den Geschmack. Es kam also häufiger vor, dass ich salz-, zucker-, fett- oder kohlehydratlastige Nahrungsmittel zu mir nahm, nach denen mein Körper verlangte, mir dafür aber nur sehr wenig an Energie und Konzentrationsfähigkeit zurückgab. Andererseits war mein Geschmackssinn auch in der Küche verändert. Im Hinterkopf habe ich es immer gewusst: Im Stress bringst du keine ordentliche Sauce zustande, und die Sauce ist nun einmal so etwas wie die DNA einer Küche. Ich schmecke dann extremer ab, salziger, saurer.

Vielleicht kann ich mich besser verständlich machen, wenn ich meinen Zustand mit Bildern aus der Welt der Automobile beschreibe, für die wir heutzutage eine so aberwitzige Wertschätzung hegen, dass wir zum Beispiel über lächerliche Milchpreise jammern, bei hohen Benzinpreisen aber mucksmäuschenstille Dulder bleiben. Es gibt im Arbeitsleben so etwas wie eine Reisegeschwindigkeit und eine Betriebstemperatur. Das bedeutet, dass wir im Idealfall psychisch unbelastet das Beste zu geben imstande sind. Wenn wir die Leistungsfähigkeit des Motors aber zu stark fordern, kommt es zum Turboschaden; du gibst noch immer Gas, aber es geht nicht mehr. Ich bekam das Gefühl, auf Reserve zu fahren. Ich hatte ein merkwürdiges Ziehen an der Zunge, ein leeres Gefühl in den Beinen. Unsere Mitarbeiter haben mich besorgt auf meine Gesichtsfarbe aufmerksam gemacht, ich musste mich häufiger hinlegen, um eine kurze Pause zu machen, habe dabei aber keine Entspannung gefunden. An einem Augusttag des Jahres 2015 konnte ich den Rasenmäher nicht mehr heben, mein Puls war jenseits von Gut und Böse, und plötzlich war dieser fürchterliche Gedanke da, den ich immer weggeschoben hatte, weil ich ja nicht rauche, mäßig Alkohol trinke und seit meiner Jugend meinen Körper mit viel Sport in Schuss gehalten hatte.

Dann lag ich im Rettungswagen und sah, wie ein Zimmermädchen und ein Kellner, die aus dem Fenster des Restaurants blickten, immer kleiner wurden, die Gesichter in schnellem Rhythmus vom blinkenden Blaulicht erhellt. Ich hatte einen Herzinfarkt. Und immer noch nicht die richtigen Fragen für mein Leben. Natürlich dachte ich an meine Familie, aber auch daran, wie es jetzt im Restaurant weitergehen würde, was machen die mittags und abends, wie soll das gehen ohne mich, nichts geht ohne mich, was passiert mit meinen Rezeptmappen?

Als ich ein paar Tage später nach Hause kam, führte einer meiner ersten Wege ins Restaurant, wo wir das endgültig beschlossen, was in meiner Abwesenheit nötig geworden war: die Reduktion der Speisekarte um einige Gerichte, was niemanden stören würde, und die Beibehaltung von zwei Ruhetagen pro Woche auch in der hektischen Festspielzeit. Als nächstes ging ich – in meiner Erinnerung fast wie ferngesteuert – in den Keller, wo alle meine Pokale lagerten, die ich im Fußball und bei Schirennen gewonnen hatte. Sie waren für mich keine sportlichen Leistungsbeweise mehr, sondern Mahnmale meines ausgeprägten Ehrgeizes. Ich wollte mich nicht mehr ständig mit anderen messen, ich wollte wieder ich sein, kein mit anderen vergleichbares Subjekt, und wem das nicht recht sei, sagte ich mir, der möge mich bitte … Ich habe die Pokale eingepackt und sie zum Recyclinghof gebracht. Das war wie eine Befreiung für mich.

Danach habe ich gekocht, zu Hause, nicht im Restaurant. Zum ersten Mal seit Langem entspannt gekocht – mit kreisenden Gedanken, während ich den Tisch deckte, um eine stimmige Atmosphäre für ein gemeinsames Mahl zu schaffen, und da und dort den Deckel hob, um etwas abzuschmecken. Ich verharrte vor der langsam aufkochenden Suppe, und mein Leben bestand in diesem Moment nur noch darin, in diese Suppe zu schauen. Rudi, fiel mir plötzlich ein, weniger ärgern, mehr wundern! Ich weiß heute, dass es wenig gibt, das so hilfreich ist gegen Stress wie der Blick ins *Narrenkastl*. Eine aufkochende Suppe ist eine Nebellandschaft, die sich ständig verändert und wie ein Kaleidoskop neue Muster erzeugt. Ein Teig, der behäbig im Backrohr aufgeht, ist ein entspannender Spielfilm, der Blick in ein offenes Kamin- oder Herdfeuer eine warme Einladung an alle Gedanken dieser Welt, die gerade Lust haben vorbeizuschauen.

Unruhe und Rastlosigkeit sind die größten Feinde in der Küche; wer ewig sucht – und nicht einmal weiß, was –, findet auch beim Kochen nur schwer Erfüllung. Das sollten wir uns bewusst machen, indem wir Momente für Gedanken über uns selbst reservieren.

Indem wir uns des Essens, nach dem wir in angespannten Situationen gieren, bewusst werden. Indem wir eigene Wege gehen, gerade auch in der Küche. Die Zeiten dafür könnten nicht besser sein. Immer mehr unter Stress stehende Menschen beider Geschlechter finden Entspannung und Erholung beim Kochen. Und ich rede nicht von einem Kochen, bei dem wieder nur Leistungsdruck und Wettbewerb im Vordergrund steht, bei dem in Milligramm und Zehntelgrad gerechnet wird. In diesem Sinne bin ich sogar ein Fan des Briten Jamie Oliver, der viel dazu beigetragen hat, das Kochen zu befreien und Lust darauf zu machen. 170 oder 175 Grad im Backrohr? Ein Schuss Öl oder zwei? Ein anderes Kräutlein als im Rezept vorgesehen? So wichtig ist das gar nicht. Jamie Oliver regt die Menschen zum Kochen an, das ist sein Verdienst.

Wenn wir uns nun an den Herd begeben, so will auch ich meine Vorschläge als Anregungen verstanden wissen. Du kannst damit machen, was du willst. Es muss dir nur Spaß machen, das Gericht zuzubereiten. Und es muss dir schmecken.

Probier doch einmal das!

Fisch auf Backpapier

Nimm ein Backblech, belege es mit Backpapier (keinesfalls Alufolie!) und bestreiche dieses mit Olivenöl. Gib gestoßenen Pfeffer, Salz, etwas Rosmarin und Minzblätter darauf. Lege eine filetierte und entgrätete Forelle, einen Saibling oder einen Zander mit der Hautseite nach unten darauf. Beträufle den Fisch mit Olivenöl, gib Salz, etwas fein gehackten Knoblauch und vielleicht auch etwas Zitronengras darüber. Gare den Fisch ca. 10 Minuten bei 160 Grad Umluft im Ofen (der Fisch muss auf Fingerdruck leicht nachgeben).

Schäle einen Bierrettich, reibe ihn grob, salze ihn und mariniere ihn mit Chili, eventuell Pfefferoni-Essig (der Sud aus dem Einlegeglas) und etwas Sauerrahm. Misch alles gut durch und lass den Rettich kurz ziehen. Und dann genieße Fisch und Rettich.

Checkliste

- Welche Gründe haben dich dazu bewogen, eine bestimmte Ernährungsphilosophie leben zu wollen?
- Welche Meinung hast du über Menschen, die in ihrer Ernährung ganz andere Leitsätze befolgen als du?
- Was machst du als erstes, wenn du mit Lebensmitteleinkäufen nach Hause kommst?
- Wann hast du das letzte Mal jemandem Unrecht getan, weil du unter Druck gestanden bist?
- Hältst du für stressige Momente Süßigkeiten und / oder Knabbergebäck griffbereit?
- Neigst du zu Heißhungerattacken, und wenn ja, was bevorzugst du in welchen Situationen?
- Wie würdest du deinen persönlichen Ehrgeiz bei Sport- und Freizeitaktivitäten einstufen?
- Hast du manchmal das Gefühl, du solltest deinen Puls und Blutdruck überprüfen?

- Hältst du dich an deinem Arbeitsplatz für unersetzlich, und wenn ja, aus welchen Gründen?
- Besitzt du ein oder mehrere *Narrenkastln*, in die du hineinschauen und abschalten kannst?

Erstes Intermezzo
Was du in der Küche brauchst

Wenn du gelegentlich alte Häuser oder Wohnungen besuchst, wirst du anhand der Küche schon die ungefähre Bauzeit erahnen können. Bauernhäuser bis zu den 1930er-Jahren sind in den allermeisten Fällen mit großen Wohnküchen ausgestattet, was auch gar nicht verwundert. Die Menschen brauchten Platz zum Kochen für recht große Familien, Convenience-Produkte gab es noch nicht; außerdem wurden in den Küchen viele Vorräte für den Winter verarbeitet (auch Butter wurde oft in der Küche gerührt), und die Küche war das soziale Zentrum des Hauses. Dann kam das Wirtschaftswunder in Begleitung unzähliger vermeintlicher Erleichterungen für die Hausfrauen; Fertigprodukte ersetzten zunehmend das Kochen. Was brauchte man da mehr als eine Nische mit Mikrowelle? Die Küchen schrumpften, vor allem in städtischen Wohnungen.

Erfreulicherweise spielt sich in jüngerer Zeit wieder mehr Leben in der Küche ab, für die kleinen Kämmerchen aber meist zu viel. Wenn du also die Chance hast, den Standort deiner Küche zu wählen, nimm nicht den kleinsten Raum. Du und alle, die sich mit dir dort aufhalten, ihr werdet es nicht bereuen.

Hier habe ich ein paar Ideen, wie du den Raum schlank hältst, ohne dass irgendetwas, das du wirklich brauchst, fehlt.

1. Gönne dir so viel Arbeitsfläche wie möglich und sorge für die richtige Höhe. Küchenfachleute wissen darüber Bescheid, du kannst die passende Höhe ausprobieren. Ein einfacher Küchenmonteur kann die ergonomischen Bedürfnisse nicht immer richtig einschätzen.

2. Schaffe Platz für zwei Spülbecken, in denen du auch Backbleche abwaschen kannst. Ich sage immer: Eierbecher sind keine Spülbecken.

3. Sorge für genug Tiefkühlkapazität zum Aufbewahren von saisonalen Produkten und frisch gekochten Speisen für Momente, in denen du keine Zeit zum Kochen hast.

4. Dein Herd sollte vier unterschiedlich starke Hitzestellen haben, darunter eine sehr starke und eine sehr schwache.

5. Viele Hightech-Geräte in der Küche sind völlig unnötig, eine gute Küchenmaschine aber, mit der du faschieren, Teig rühren, Saft pressen und Zutaten cuttern kannst, sollte Platz finden.

6. Meine Liste sonstiger mechanischer und elektrischer Geräte, die du brauchst, ist wesentlich kürzer als die mit Dingen, auf die du getrost verzichten kannst. Dazu gehören Fritteuse, Mikrowelle, Eierkocher, Wurstkocher, Apfelschäler, Zwiebelhacker, Milchaufschäumer, elektrische Zitruspresse,

Hot-Dog-Maschine, Waffeleisen, Brot-
backautomat, elektrische Pfeffermühle,
elektrische Käsereibe, elektrische Salat-
schleuder und Tischgriller. Dazu noch
eine Anmerkung: Sei grundsätzlich
skeptisch gegenüber teuren Designer-
Küchengeräten. Oft handelt es sich dabei um haarsträubend unfunktionelle,
hübsche künftige Museumsstücke. In
einer Ausstellung über sogenanntes
Error-Design vor vielen Jahren stamm-
ten einige Exponate für den Küchen-
gebrauch von Star-Designern, darunter
auch eine weltberühmt gewordene Zitruspresse, bei der der Saft entlang der
langen Spinnenbeine hinunterran statt
in ein darunter platziertes Gefäß.

7. Was an Küchengeräten hilfreich ist:
ein guter Stabmixer, eine Aufschnitt-
maschine und, unter gewissen Umständen, ein Kombidämpfer auf Haus-
haltsniveau (also kein Gerät für Groß-
küchen). Er ersetzt auf natürliche,
strahlenfreie Art Auftau- und Auf-
wärmfunktionen einer Mikrowelle

und gart Fleisch, Fisch und Gemüse besonders schonend.

8. Kaufe nur qualitativ hochwertige Töpfe und Pfannen, vorzugsweise aus Gusseisen. Es macht einen Unterschied, ob du ein Schmorgericht in einem federleichten Alutopf oder in einem schweren, dickwandigen Bräter zubereitest. Kaufe auch keine Set-Angebote, die deine Küche mit einem Schlag füllen. Wenn du in Metropolen der Küchenkultur – Paris, Barcelona oder Florenz – reist, biege in die kleinen Gassen ab. Dort befinden sich die kleinen Fachgeschäfte mit hervorragendem Geschirr.

9. Du benötigst in der Küche weniger Messer, als du glaubst, nämlich nur diese: ein Chef's Knife (das Universal-Küchenmesser mit ca. 30 Zentimeter langer, breiter Klinge), ein kleines Schälmesser, ein Messer mit Sägeklinge, ein Fisch- bzw. Filetiermesser mit nicht allzu weicher Klinge, einen Sparschäler und eine gute Schere. Keines dieser Messer hat etwas im Geschirrspüler

verloren. Sorge dafür, dass sie vor Gebrauch immer rasierklingenscharf sind.

10. Auch wenn dich der Hygienewahn umschwirrt und dir Plastik schmackhaft machen will, vertraue auf Schneidbretter aus Holz, vorzugsweise Eiche oder anderes Hartholz. Auch diese kommen nicht in den Geschirrspüler; man wäscht und putzt sie gleich nach Gebrauch gründlich mit Aschenlauge oder Salzwasser und lässt sie in der Sonne trocknen. Ein Tischler fertigt dir gerne Bretter nach deinen Wünschen. Passend dazu schaffe dir eine Brotdose aus Zirbenholz an; Zirbenholz wirkt antiseptisch und verlängert die Lebensdauer des darin gelagerten Gebäcks. Zu den Brettern noch ein kleiner Tipp: Lege beim Arbeiten ein bis zwei Gummiringe unter das Brett, dann verrutscht es beim Schneiden nicht.

11. Lagere Öle und Gewürze nie dort, wo direkte Sonne hinkommt. Halte dafür einen Küchenkasten mit Türen oder Rollläden frei.

12. Zum Schluss, vielleicht zu deiner Überraschung, ein Gerät, das ich zu den hilfreichsten in der Küche zähle: das Bratenthermometer. Dazu muss ich kurz ausholen: Meist wird viel zu heiß gekocht. Große Hitze braucht man nur selten – zum Beispiel für einen kurzen Moment, wenn ein Steak in der Pfanne gelandet ist, beim Gratinieren oder im Backofen beim Brotbacken. Mit einem Bratenthermometer, das ins Fleisch gesteckt wird, lässt sich die jeweils erforderliche Kerntemperatur für die richtige Garstufe messen. Bei dunklen, rosa gebratenen Fleischstücken wie Beiried, Rinderfilet oder Hirschrücken genügen 55 Grad Kerntemperatur in der Mitte, dann lässt man das Fleisch am besten noch eine halbe Stunde bei 65 bis 70 Grad im offenen Ofen rasten. Auch wenn man es dort länger warmhält, gart es nicht weiter. Bei ganzen Hühnern mit ca. 1 bis 1,2 Kilo hingegen sollte man auf Nummer sicher gehen und mit einer

höheren Temperatur im Ofen, ca. 170 bis 180 Grad, etwa 1¼ Stunden garen. Die Kerntemperatur beträgt dann mindestens 80, besser 90 Grad. Danach zieht das Geflügel noch ca. ½ Stunde bei 70 Grad nach. Das verschafft dir Zeit und ein wenig Ruhe, um andere Dinge in der Küche vorzubereiten oder mit Gästen einen Aperitif zu nehmen. Fang also früh genug an, um Stress vorzubeugen.

Probier doch einmal das!

Rosa geschmorte Milchlammkeule

Besorge dir eine ausgelöste Milchlammkeule mit ca. 1 Kilo. Breite sie aus und gib dort, wo der Knochen lag, etwas Rosmarin, Salbei und Minze, jeweils grob geschnitten, auf das Fleisch. Dann binde die Keule mit Küchengarn wieder zu ihrer ursprünglichen Form zusammen. Gieße reichlich Olivenöl in einen passenden gusseisernen Bratentopf, erhitze das Öl, streue gestoßenen Pfeffer und Salz ein, wende die Lammkeule ein paar Mal darin, gib eine Handvoll geschälte Schalotten, eventuell zwei mittlere Topinamburknollen bei, gieße fingerhoch Wasser und Weißwein zu gleichen Teilen an und schiebe den Topf offen in das auf 190 Grad vorgeheizte Backrohr. Übergieße den Braten ab und zu mit der Flüssigkeit. Nach ca. 45 Minuten überprüfe die Kerntemperatur mit einem Bratenthermometer, sie sollte 55 Grad betragen.

Nimm die Keule, den Topinambur und die Schalotten aus dem Topf, stelle alles warm und gieße ein wenig guten Balsamessig in den Bratensaft. Verrühre etwas Maizena mit wenig kaltem Wasser und binde damit die Sauce. Zum Schluss rühre noch ein bis zwei Esslöffel kalte Butter ein. Nimm das Garn vom Fleisch, gib es mit Schalotten und Topinambur wieder in die Sauce und stelle den Topf zugedeckt für kurze Zeit an den warmen Herdrand oder ins offene, auskühlende Backrohr.

Kapitel 3
Genieße den wahren Luxus!

Mit Luxus ist es ein wenig so wie mit Cholesterin: Es gibt schlechten und guten. Schauen wir uns das Wort kurz näher an. Grundsätzlich und historisch betrachtet bedeutet das Wort eher etwas Negatives; das lateinische Wort *luxus* steht für verschwenderisches Verhalten in einem gesellschaftlich als unmoralisch empfundenen Ausmaß. Das treffendste Bild, das wir von frühem Luxus kennen, stellen die ausschweifenden Gelage im alten Rom dar, nicht nur die sexuellen, auch die kulinarischen. Die mit Würsten gefüllten, riesigen Wildtiere, die bei lebendigem Leib verzehrten Fische, die großen gebratenen Vögel, die jeweils mit immer kleineren Vögeln gefüllt wurden. Luxus trennte immer schon die Reichen und Wohlhabenden von den Darbenden, Luxus musste man sich leisten können.

Aus dieser Definition heraus ist der Luxus aber auch zu einem billigen Klischee geworden. Ich kann mich noch gut daran erinnern, wie zuletzt im Jahr 2008 in Österreich über eine Luxussteuer debattiert wurde und eine Liste von Lebensmitteln an die Öffentlichkeit gelangte, die von einer Senkung der Mehrwertsteuer ausgenommen werden sollten. Es war eine, man verzeihe mir die Formulierung, außerordentlich dumme, falsche und unvollständige Liste. Da fanden sich – neben den typischen Produkten, für die eben ein hoher Preis zu bezahlen ist, wie Hummer, Langusten, Trüffel und Kaviar – Dinge, die längst zu ganz normalen Preisen überall in jedem größeren Supermarkt verfügbar sind: Garnelen zum Beispiel, mittlerweile tiefgekühlt wahlweise als antibiotikaverseuchter Mist oder aber aus nachhaltiger Zucht in jeder Vitrine zu finden, oder Wachteleier, die kaum mehr kosten als vernünftige Hühnereier aus biologischer Haltung. Warum ausgerechnet Garnelen und Wachteleier? Mir fallen Hunderte Produkte ein, die heute eher unter den Begriff Luxus fallen müssten, wenn wir Luxus immer noch als etwas Dekadentes, Maßloses und Unnatürliches betrachten: zum Beispiel bis zur Unkenntlichkeit industriell verarbeitete und verpackte Lebensmittel, deren unangemessen hohen Preis wir gar nicht zu durchschauen in der Lage sind.

Mach doch ein Experiment: Besorge dir vier Portionen eines Fertiggerichts (das sind meist zwei oder vier Packungen) und notiere den Preis, den du dafür bezahlt hast. Dann besorge alle natürlichen Zutaten, die auf der Packung gelistet sind, in der benötigten Menge. Dazu wirst du vermutlich einen Markt oder auch einen Metzger aufsuchen müssen, denn im industriellen Handel bekommst du kaum noch ein einzelnes Stück Gemüse oder die gewünschte Menge Fleisch. Merke dir auch den Preis, den du dafür bezahlt hast, und koche das Gericht nach deinen Vorstellungen und deinem Vermögen nach. Mit sehr hoher Wahrscheinlichkeit werden drei Effekte eintreten: Du wirst für das selbst gekochte Gericht deutlich weniger bezahlt haben.

Es wird dir besser schmecken, weil es viel mehr nach dem schmeckt, was du beim Einkauf verlangt hast. Ganz nebenbei wirst du dabei auch mit jemandem kommunizieren, denn ein guter Händler wird dir einen Tipp für die Zubereitung geben und vielleicht auch etwas über das Produkt erzählen.

Du hast ein kleines Stück Freiheit und Unabhängigkeit gewonnen, weil du dir nicht einfach etwas vorsetzen hast lassen, von dem jemand so tut, als sei es gut für dich, wo es doch nur gut für ihn selbst ist – für die Shareholder.

Ich ziehe aus diesem Experiment folgende Schlüsse: Mit dem Fertiggericht hast du dir den sprichwörtlichen Luxus geleistet, einen Fehler zu machen. Mit dem selbst gekochten Gericht näherst du dich meinem Begriff von gutem Luxus, den ich als den wahren Luxus bezeichnen möchte.

Was bedeutet er für mich? Ganzheitlich gesehen ist es natürlich meine Gesundheit, für die ich in jüngerer Zeit eine noch viel größere Wertschätzung hege, weil ich erfahren musste, dass sie nicht selbstverständlich ist. Diese Wertschätzung ist auch eine Folge von falschem Luxus, der darin besteht, ständig das Beil im Genick zu spüren, sich etwas leisten können zu müssen.

Für mich bedeutet Luxus auch, Zeit zu haben. Zeit für mich und Zeit für andere Menschen. Meine Familie, meine Freunde. Mir darüber hinaus aussuchen zu können, mit wem ich diese Zeit verbringe. In dieser Zeit etwas zu lernen. Ich liebe den Kontakt zu älteren Menschen und suche ihn deshalb auch. Menschen mit Lebenserfahrung hüten einen Schatz, der sich nur jenen offenbart, die fragen und zuhören können. Die Belohnung dafür, nämlich zu verborgenem Wissen vorgedrungen zu sein, zählt für mich auch zum wahren Luxus.

Ich habe einmal im Lungau eine alte Sennerin kennengelernt, die mir anfangs eher reserviert begegnet ist. Sie hat mir dann ein Frühstück zubereitet, und ich habe zu fragen begonnen. Nach ihren Lebensumständen, nach ihren Ressourcen, die sie dort oben auf der Alm zur Verfügung hat. Ich habe gefragt, was dies und jenes ist, das in den Gläsern auf dem Regal steht und wie sie es zubereitet hat. Als ich aufbrechen wollte, hat sie mir ein Glas Almrauschhonig geschenkt und über den Almrausch zu erzählen begonnen. Ich habe sie gefragt: »Warum krieg ich das?« Und sie hat geantwortet: »Weilst di interessierst, Bua.« So ist letztlich der Almrauschsirup entstanden, den wir seither für unser Restaurant herstellen. Wenn wir schon von Luxus reden: Diese Erfahrung war für mich unbezahlbar.

Um nicht falsch verstanden zu werden: Natürlich ist Luxus für mich nicht völlig frei von Konsum. Ich weiß ein schönes Paar handgefertigter Schuhe zu schätzen, das mehr kostet als eines von der Stange, aber es wird mich bei guter Pflege ein Leben lang begleiten. Und ich möchte es nicht missen, Sehnsuchtsorte zu suchen und zu finden, um sie später immer wieder aufzusuchen; auch das erfordert einen gewissen finanziellen Aufwand. Auf was ich dabei aber stets Wert lege, ist der Luxus des eigenen Weges. Sogar eine Stadt wie Venedig birgt für mich wunderschöne, leere und verträumte Plätze, wenn man es wagt, sich ein paar Gassen weiter vom Markusplatz zu entfernen als die Masse. So ist es auch in Wien abseits der Kärntner Straße, in München abseits der Maximilianstraße, in Budapest abseits der Fischerbastei. Überall ist es so.

In die Toskana fahre ich am liebsten im Herbst, wenn die großen Touristenströme versiegt sind. Ich stehe dort sehr früh auf, weil ich mir den kleinen Luxus des Sonnenaufgangs über den Hügeln leisten möchte, den so viele Menschen gar nicht mehr wahrnehmen. Ich sage dir: Schau dir das an! Es passiert jeden Tag, auf der ganzen Welt, und du kannst dabei sein. Du musst nicht darauf warten, dass alle heiligen Zeiten eine Sonnenfinsternis stattfindet, auf die du mit medialem Getöse eingestimmt wirst, als würde sich dir die Sonne nur an diesem einzigen Tag zeigen, und auch dann erst, wenn es dir gelungen ist, eine der weitgehend ausverkauften Brillen zu beschaffen, an denen irgendjemand verdienen will.

Ich halte den kleinen, nicht materiellen Luxus des Alltags für wesentlich nachhaltiger als jenen, den wir uns durch Konsum gönnen. Von meinen Reisen in die Toskana sind mir bis heute Eindrücke ins Gedächtnis gekerbt, die ich mein ganzes Leben lang in Erinnerung behalten werde: Eines der schönsten Erlebnisse hatte ich bei meinem ersten Aufenthalt. Es war ein schlichtes Vanilleeis mit einer hausgemachten Feigenmarmelade, dazu ein Glas Vin Santo, der italienische Süßwein, und ein paar Stücke Mandelgebäck. Wenn ich mich hier daran erinnere, sehe ich diese kleine kulinarische Offenbarung vor mir und dahinter die Hügel voller Zypressen, an deren Hängen der Wein, den ich trank, wuchs. Ich sehe mir heute noch dabei zu, und ich höre, wie ich damals zu mir selbst sagte: »Wie gut es mir doch geht!« Materieller Luxus ruft gemeinhin eine andere Reaktion hervor: »Wie gut, dass ich mir das leisten kann!«

Was ist der Unterschied zwischen diesen beiden Sätzen? Der erste beschreibt einen bereits erreichten Zustand der Zufriedenheit, er birgt keinerlei Gefahr, diesen Zustand zu verlieren. Es geht mir einfach gut. Der zweite Satz hingegen leidet in sich schon unter Verlustängsten. Er bedeutet, dass es diesmal noch gut gegangen ist, aber wenn ich weiterhin so leben will, darf ich im Hamsterrad nicht müde werden. Je kostspieliger ich konsumiere, desto aufwändiger muss ich mich in der Folge auch gegen einen möglichen Verlust absichern. Laut zahlreichen Untersuchungen, die nicht von der Versicherungswirtschaft in Auftrag gegeben wurden, sind sowohl Österreicher als auch Deutsche deutlich überversichert und ersticken geradezu in Polizzen. Darüber hinaus sind es oft auch die falschen Versicherungen, die wir abgeschlossen haben.

Gegen den Verlust der Erinnerung an das Vanilleeis mit Feigenmarmelade muss ich mich nicht mit Prämienzahlungen schützen. In der Sprache des klischeehaften Begriffs von Luxus kann ich für mich behaupten, dass ich damals, an diesem Tag in der Toskana, einen Schatz entdeckt habe, der sich mit der Zeit von einer spontanen Empfindung von Glück über diesen Genuss zu einer Erfahrung entwickelt hat, die mir mein Leben lang bleiben wird. Ich habe dafür gar nicht viel getan, eigentlich nur das, was ich vorhin beschrieben habe: Ich habe Trampelpfade verlassen und mich mit entspannter Neugier auf meinen Sehnsuchtsort Toskana eingelassen. Was für eine Belohnung habe ich dafür erhalten!

Mir fällt, wenn ich an die Feigenmarmelade denke, immer auch ein Ritual aus meiner Kindheit ein; ganz offensichtlich hat es ähnliche Areale in meinem Gehirn aktiviert wie meine Toskana-Erfahrung. Es vollzog sich an den heißen Sommernachmittagen, die ich mit meinem um sieben Jahre älteren Bruder Karl im Schwimmbad verbracht habe, in einem nicht enden wollenden Wechselspiel aus Schwimmen, Planschen, Trampolinhüpfen und in der Sonne trocknen.

Da hat mir Karl, der schon in die Lehre ging und ein wenig Geld zur Verfügung hatte, manchmal eine Schillingschnitte gekauft, die etwas längeren Vorläufer der heute weltberühmten Süßigkeiten aus geschichtetem Waffelteig mit Nougatfülle. Sie kosteten tatsächlich einen Schilling, und das war damals gar nicht so wenig. Ich habe für den Genuss so einer Schnitte fast eine halbe Stunde gebraucht, bin dabei in der Wiese gesessen und habe mit den Schneidezähnen langsam den Nougat von jeder Waffelschicht gekratzt, ihn im Mund schmelzen lassen und dann ganz kleine Bissen von der Waffel genommen. Heute weiß ich, dass das meine frühesten Erfahrungen von Luxus waren. Eine Waffelschnitte mit Nougatfülle!

Probier doch einmal das!

Feigenmarmelade
Nimm so viele frische, reife Feigen, wie du willst, entferne mit einem Messer die Ansätze von Stängel und Blüte und schneide die Früchte in kleinere Stücke. Wiege die Feigen ab und gib die Hälfte des Gewichts der Feigen in Zucker mit etwas Wasser in einen Topf. Lass den Zucker bei mittlerer Hitze karamellisieren, lösche mit einem guten Schuss Portwein ab, gib ein wenig fein gehackten Rosmarin und die Feigen dazu und lass die Marmelade einige Minuten vor sich hin blubbern, bis die Früchte etwas zerkocht sind. Fülle die Marmelade heiß in gut ausgewaschene Einweckgläser und verschließe diese rasch.

Ach ja, besorge dir dazu Vanilleeis von einem Eissalon, der dafür echte Vanille verwendet. Und wenn du gerade kein Eis magst, sei so frei und genieße die Marmelade mit gereiftem Ziegenkäse. Oder auf einem Stück Brot. Oder wie du willst.

Checkliste

- Wie würdest du guten und schlechten Luxus definieren?
- Kannst du dich an deinen ersten kulinarischen Genuss erinnern?
- Wann hast du das letzte Mal einfach nur einen Augenblick genossen?
- Hast du einen Sehnsuchtsort?
- Gibt es in deinem Leben Momente, für die du absolut nichts geplant hast?
- Probierst du manchmal, an einem Ort ganz bewusst die Stille zu hören?
- Wann hast du das letzte Mal mit deinen engsten Mitmenschen gemeinsam gegessen, ohne auf die Uhr oder das Handy zu schauen?

- Wann hast du das letzte Mal einen älteren Menschen getroffen, der dir etwas erzählt hat, das dich beeindruckt hat?
- Wie viel von dem Geld, das dir monatlich über die Fixkosten hinaus zur Verfügung steht, verplanst du gleich, wenn du es erhältst?
- Ist für dich ein Strauß Blumen oder ein liebevoll gestalteter Tischschmuck wahrer Luxus oder eine Gepflogenheit, an die man sich halten sollte, weil es eben dazu gehört?

Kapitel 4
Lerne das Einfache lieben!

Vor dem Hollerbusch, sagten die Leute früher viel öfter als heute, sollst du den Hut ziehen. Und zwar aus gutem Grund: Der schwarze Holunder, glaubten sie, steckt voller wundersamer Dinge, voller guter Geister und heilender Zauberkräfte. Das hat wahrscheinlich auch damit zu tun gehabt, dass er fast unsterblich zu sein scheint. Selbst wenn man ihn radikal, also praktisch bodengleich abschneidet, sind kurze Zeit später wieder Triebe da, wahnsinnig schnelle Triebe; man kann ihnen beim Wachsen fast zuschauen. Auf eine gewisse Art mache ich das manchmal.

Vor der Almhütte, die mich jedes Mal so herrlich erdet, wenn ich Zeit dort oben verbringen kann, steht ein stolzer Hollerbusch. Den sehe ich austreiben, später dann blühen, und irgendwann verfärben sich die kleinen grünen Beeren schwarzviolett und locken ein fröhlich zwitscherndes Volk an. Ich freue mich darüber, der Holler hat für alle etwas: Nektar für die Bienen, Beeren für die Singvögel, und beides, Blüten und Früchte, auch für mich. Aber er hat es nicht in unendlichem Ausmaß. All die Gedanken, die ich beim Betrachten des Holunders auf meiner Wiese hatte, haben irgendwann zu einer Erkenntnis geführt: Der Holler steht für mich für die Einteilung von verfügbaren Ressourcen; wer ihn versteht, hat auch das Leben verstanden.

Wie kann ich so wirtschaften, dass meine Quellen nicht versiegen? Der Busch ist sehr groß, wohl an die vier Meter, und weiter unten hängen im späten Frühjahr die schweren Blüten, die mir Sirup und Gelee bescheren und gelegentlich eine wunderbare Süßspeise, die gebackenen Blütendolden. Mir kommt das so vor, als würde der Holler mir diese leicht erreichbaren Blüten darreichen: Nimm dir, was du brauchst, und lass den Rest einfach leben. Er stellt uns auf die Probe, weil er, anders als viele andere Pflanzen, die wir nutzen, zweimal im Jahr Geschenke macht. Wenn ich nun eine Leiter hole, um auch an die höher gelegenen Blüten zu gelangen, handle ich kurzsichtig und ego-istisch. Ich bin so naiv, zu glauben, dass ich die Natur austricksen kann. Aber ohne Blüten gibt es später im Jahr keine Holler-marmelade und keinen Hollerlikör.

Mit solchen Entscheidungen sind wir nicht nur vor dem Holler konfrontiert; wir haben sie von Jugend an in allen Lebens-bereichen zu fällen: wenn wir unser erstes Taschengeld bekommen, eine Ausbildung finanzieren müssen, unsere Existenz so einrichten wollen, dass wir ohne Eng-pässe leben können. Auf den ersten Blick mutet das vielleicht an, als müssten wir ständig bescheiden sein und Verzicht üben. Was der Holler uns lehrt, ist aber das Gegenteil: Erst der achtsame Umgang mit den Vorräten von was auch immer, die uns zur Verfügung stehen, macht uns unabhängig und damit auch frei. Niemand wird mir widersprechen, wenn ich sage, dass die Last von Schulden uns Selbstbestimmung raubt; das geschieht in einem immer größeren Ausmaß. Eine Dreiviertelmillion Menschen gelten in Österreich mittlerweile als überschuldet. Das liegt zu einem großen Teil an sich rasant verändernden ökonomischen Rahmenbedingungen, dem Verlust des Arbeitsplatzes etwa in Zeiten steigender Lebenserhaltungskosten. Einer der wesentlichen Gründe für die ebenfalls rapid wachsende Überschuldung von jungen Menschen ist allerdings der Konsumdruck: teure Marken, das stets neueste Handy, die Verlockungen des unkomplizierten Online-Handels – alles muss jetzt auf der Stelle verfügbar sein. Offenbar fehlt die Einsicht, dass Beeren nur reifen können, wenn man ihre Blüten verschont.

So führt Sorglosigkeit, die ich als eine falsche Freiheit bezeichnen möchte, zwangsläufig zu einer Existenz voller Sorgen. Das gilt für den Landwirt, der darüber entscheiden kann, ob er seinen Boden über Gebühr auslaugt oder nicht; das gilt für die Fischer auf den Seen, Flüssen und Meeren dieser Welt, denen es obliegt, die Gewässer mit ihren Angeln und Netzen schneller oder langsamer zu durchkreuzen, als die Regeneration der Fischbestände benötigt; ich würde sogar so weit gehen und behaupten, dass der Hollerbusch auch ein wahlweise mahnendes oder vielversprechendes Beispiel für den Umgang der Menschheit mit den Energie bereitstellenden Rohstoffen dieser Welt sein kann. Denn selbst wenn wir gerne so tun, als hätten wir darauf keinen Einfluss, haben wir die Freiheit, uns zwischen unendlich erneuerbarer, nachwachsender und begrenzt verfügbarer fossiler Energie zu entscheiden.

Diese Freiheit haben wir auch, wenn es um unsere Ernährung geht. Das rechte Augenmaß, der respektvolle Umgang mit Lebensmitteln, eine gute Portion Hausverstand und ein wenig Wissen über die Entstehung von echten Nahrungsmitteln – all das lehrt uns der Hollerbusch, und wenn wir es beherzigen, werden wir im Lauf der Zeit – ja, das wage ich zu behaupten – zu immer besseren Köchinnen und Köchen.

Früher war die Herstellung von Lebensmitteln im Einklang mit der Natur noch viel bedeutender: Sie hat uns von existenziellem Druck befreit und letztlich zur behutsamen Entwicklung einer Küche geführt, auf die wir heute stolz sein können. Ein halbes Jahr lang musste vorgesorgt werden, durfte nichts falsch gemacht werden. Nur so war gewährleistet, dass Vorräte für den Winter vorhanden waren – nicht nur Saft und Röster vom Holler, auch Kraut und Rüben, durch Räuchern und Trocknen haltbar gemachtes Fleisch, durch Mahlen vielseitig verwendbares Getreide und so fort.

Dort, wo ich lebe, in den Alpen, galt das noch mehr als anderswo. Heute wird wieder vermehrt von der alpinen Küche gesprochen; sie ist zu einem Modebegriff geworden, aber was sie ausmacht, wird gerne weggeblendet. Denn in Wahrheit handelt es sich in ihren Ursprüngen um eine karge Küche. Sie beruht im Wesentlichen auf Wasser, Mehl und Fett. Im Grunde war es – mit Ausnahme des Wassers, welches meist vor Ort in ausgezeichneter Qualität vorhanden war – das, was Holzknechte in den Wald mitnahmen, um sich dort über offenem Feuer ein *Muas* oder Krapfen zuzubereiten. Ich kann gut verstehen, wenn diese Küche heute nur noch wenig Anklang findet; sie passte eben genau dorthin und musste vor allem Energie für die schwere Arbeit liefern. Aber sie war das Fundament für viele weitere kulinarische Entwicklungen, die Wurzel für Kaiserschmarren und Palatschinken, für Brot und Teigwaren. Ich würde sogar die berühmten Salzburger Nockerln dazuzählen, die in ihrer verblüffenden Schlichtheit ein wahrliches Küchenwunder sind, die edle Variante des alpinen *Urmuas*. Die ursprüngliche Version wurde nämlich tatsächlich noch in der Pfanne gebacken und dabei auch gewendet. In dem, was wir heute als Salzburger Nockerln serviert bekommen oder, noch besser, selbst zubereiten, ist kein Quäntchen von irgendetwas zu viel drinnen – ein Meisterwerk der Reduktion, bei dem es auf Wissen und Erfahrung ankommt. Das ist ein weiterer wesentlicher Aspekt, auf den uns die karge Küche unserer Ahnen aufmerksam macht.

Es gibt dazu eine wunderschöne Geschichte, die Roswitha Huber, eine begnadete Brotbäckerin aus Rauris, gerne erzählt. Sie handelt von einer Sennerin aus dem Seidlwinkltal, die auf der Alm eingeschneit wurde und keine Hefe zum Brotbacken mehr zur Verfügung hatte. In dieser Situation fiel ihr ein alter Trog in der Hütte ein, in dem vor Jahrzehnten Teig geknetet wurde. Sie kratzte die fast schon versteinerten Reste vom Boden, setzte die Krümel mit Mehl und Wasser an und siehe da: Selbst nach all den langen Jahren wurde wieder ein quicklebendiger Sauerteig daraus. Eine schönere Geschichte über den aus der Not geborenen Erfindungsreichtum kann man kaum erzählen.

Ich ziehe daraus noch einen weiteren Schluss, der sich auch mit meinen Lebenserfahrungen deckt: Wer immer satt ist, wird geistig genügsam. Ein kleines bisschen Hunger – keine Angst, ich rede nicht vom schmerzhaften Darben – sorgt für einen klaren Kopf, er macht uns wach; er ist der Motor dafür, dass jemand auf die Idee kommt, uralte Teigreste wiederzubeleben und daraus etwas Neues, Kostbares zu schaffen. Ich kann mir gut vorstellen, dass dieses eine Brot der Sennerin besonders gut geschmeckt hat, und sie wird es wohl ofenwarm und pur, vielleicht mit ein wenig von ihrer selbst gerührten Butter, verzehrt haben.

Wir haben heute viel Gespür für die einfachen Genüsse verloren. Wir haben die Kargheit ins Gegenteil verkehrt und leben den kulinarischen Überfluss; unsere Küchenregale sind voll und animieren uns ständig dazu, den Akt des Kochens zu einer Leistungsschau zu stilisieren. Ich kann das gut verstehen, auch mein Bruder Karl und ich können uns heute nur noch wundern über die vollgepackten, mengenmäßig und aromatisch überladenen Teller unserer Frühzeit. Es war einfach von allem zuviel. Ein Wildgericht bestand neben dem Fleisch aus geschmorten Birnen, Preiselbeeren, Rotkraut, Selleriepüree, vielleicht noch einem Kartoffelgratin, mit dem wir zeigen wollten, dass wir das auch können. Wären wir Schneider gewesen, hätten wir damals Kleider genäht, die mit ihren Rüschen und Stickereien jede Trägerin und jeden Träger in eine knallbunte Kostümpuppe verwandelt hätten.

Wenn ich heute in anspruchsvollen Restaurants essen gehe, kann ich beinahe anhand der Gerichte das Alter der Küchenchefs einschätzen, deren Stolz über die vielfältigen eigenen Fähigkeiten sich über einen einzigen Teller breitet: je jünger, desto überladener; je erfahrener, desto stimmiger und reduzierter.

Wir haben diese Entwicklung in unserem Restaurant bald erkannt und, nicht zuletzt durch Gespräche mit dem leider bereits verstorbenen Gastronomiekritiker Wolfram Siebeck, einen anderen Weg eingeschlagen – den der größtmöglichen, aber nicht zwanghaften Reduktion. Als wir den Forellenstrudel entwickelten, unser wohl bekanntestes Gericht (zwar etwas aufwändig in der Herstellung, aber geschmacklich sehr homogen), sah uns Siebeck auf dem richtigen Weg. In der Reduktion liegt die Wahrheit, lautete sein Credo, und er nannte als Beispiel gerne die italienische Küche, deren weltbekannte Hervorbringungen oft nur aus drei wesentlichen Zutaten bestehen, im Idealfall natürlich in herausragender Qualität.

Wenn wir also auf eine stimmige, authentische Küche Wert legen, müssen wir uns neugierig und aufgeschlossen mit ihr befassen: Wir müssen die Qualitäten eines Produkts kennenlernen, dazu gehören auch die Partnerprodukte, mit denen es harmoniert. Auf diese Weise ist es möglich, Lebensmittel, denen wir kaum Aufmerksamkeit schenken, weil wir sie für alltäglich und nicht besonders interessant halten, wieder lieben zu lernen.

Was kann zum Beispiel ein Kohlrabi? Am besten erfährst du es, wenn du eine frische Knolle nimmst und herzhaft hineinbeißt. So wie frühere Generationen das im Kindesalter gerne getan haben; für mich war es immer ein Hochgenuss, wenn meine Großmutter im Gemüsegarten einen Kohlrabi ausgerissen, ein wenig zurechtgeputzt, im Regenfass gewaschen und mir gereicht hat. Ich höre das Krachen des Fruchtfleisches immer noch. Wenn du das tust, kann es natürlich passieren, dass du zur Ansicht gelangst, man könne die Vorzüge der Knolle durch weitere Verarbeitung nicht mehr besser zur Geltung bringen: die leichte Schärfe der Senföle, die krachfrische Konsistenz, der komplexe, beinahe schon raffinierte Geschmack. Wenn du ihn dennoch kochen willst, wird es dir zumindest leichter fallen, ihn weder zu zerkochen noch mit Gewürzen und anderen dominanten Geschmäckern zu unterdrücken. Ich empfehle an dieser Stelle auch, die jungen grünen Blätter zu verwenden; sie schmecken ganz ähnlich und ergeben ein nicht alltägliches, wunderbares Beilagengemüse.

Ein ähnliches Experiment zur Erforschung einfacher Genüsse geht mit Erdäpfeln. Besorge dir dafür aber möglichst alte Sorten, denen der Geschmack nicht zugunsten von Ertrag und Schädlingsresistenz weggezüchtet wurde. Auf Bauernhöfen und Märkten wirst du fündig. Die Welt der Erdäpfel ist – viele Menschen wissen das gar nicht mehr – geschmacklich außerordentlich vielfältig. Solche Erdäpfel, nur mit ein wenig guter Butter und Salz, sind für mich der Gipfel einfacher Genüsse.

Kombiniere die gekochten Erdäpfel dann mit wenigen anderen Produkten: Frischkäse, Sauerrahm (an festlichen Tagen kannst du auch einen Löffel Forellenkaviar auf den Rahm setzen), geschmorte

Paprikaschoten und geröstete Zwiebel. Irgendwann wird aus der Kombination Kartoffel-Paprika-Zwiebel ein Kartoffelgulasch entstehen. Dein Kartoffelgulasch, das dich mit seinem Geruch und Geschmack von den simplen Genüssen überzeugen wird.

Probier doch einmal das!

Krautsalat mit Holundersirup
und Räucherforelle
Nimm die Hälfte eines kleinen Krautkopfes und schneide ihn in nicht zu feine Streifen. Dann schneide ein oder zwei Birnen in dünne Spalten und eine kleine Zwiebel in dünne Scheiben. Wenn du magst, hacke auch ein Stück Fenchel oder eine Jungzwiebel klein. Gib alles in eine Salatschüssel. Für die Marinade verrühre Salz, Pfeffer, einen kleinen Schuss Tabasco-Sauce, einen guten Schuss Hollersirup, etwas Apfelessig, Senf oder Mayonnaise, Nussöl und ein paar Löffel heißes Wasser.

Vermische die Marinade mit dem Salat und streue eine in Stücke gezupfte, grätenfreie Räucherforelle darüber. Dazu röste ein paar Scheiben Sauerteigbrot.

Checkliste

- Kannst du eine Pflanze nennen, die für dich wichtige Lebensprinzipien verkörpert?
- Hast du schon einmal aus den Blüten und Beeren vom Holunder etwas zubereitet?
- Kannst du jetzt auf der Stelle sagen, ob in deinem Kühlschrank zu Hause noch genug Milch, Butter oder sonstige Grundnahrungsmittel vorrätig sind?
- Wirfst du die Rinde vom Parmesan in den Müll oder kochst du sie in einem Risotto mit, weil das nämlich dem Reis einen wunderbar typischen Risottogeschmack gibt?
- Wenn du eine Packung Butter auspackst, streifst du die Butterreste am Papier ab

oder wirfst du sie mit der Verpackung weg?

- Nutzt du die Restwärme deines Backofens zum Trocknen von Apfelschalen für den Tee, Kräutern, Pilzen oder altbackenem Brot für Brösel?

- Weißt du eigentlich, dass deine ohnehin eingeschaltete Fußbodenheizung sich bestens zum Trocknen von Walnüssen eignet?

- Weißt du, dass Holz aus Lagen über 1000 Meter Seehöhe deinen Holzofen besser heizt, weil es langsamer wächst und dadurch die Jahresringe kompakter und dichter sind?

- Kannst du Gemüsesorten aufzählen, die du gerne pur und roh verzehrst?

- Hast du schon einmal einen Sauerteig angesetzt?

- Benützt du den Geschirrspüler nach einer Mahlzeit, für die du nur einen Teller, Messer und Gabel, eine Pfanne und ein Glas gebraucht hast, oder wäschst du das schnell mit der Hand ab?

- Stehen auf deinem Speiseplan Eintöpfe oder andere Gerichte, für die du nur ein

Geschirr brauchst, mit sehr wenigen Zutaten, die ganz alleine vor sich hin schmurgeln und dir nur wenig Arbeit in der Küche bescheren?

Zweites Intermezzo
Die Gäste kommen

Das Wichtigste vorweg: Ein Mahl für Gäste zuzubereiten ist ein Akt des gegenseitigen Respekts. Der Gastgeber investiert sehr viel in eine Einladung zum Essen, nämlich Zeit, Kosten und Arbeit. Der Gast sollte sich dessen bewusst sein: Zum Beispiel, indem er rechtzeitig bekannt gibt, was er auf keinen Fall essen möchte oder aus welchen Gründen auch immer nicht zu sich nehmen kann. Und er sollte den Zeitpunkt der Einladung würdigen, indem er weder zu früh noch zu spät erscheint.

Jede Einladung beruht auf einer speziellen Situation, die berücksichtigt werden sollte. Ich persönlich unterscheide zwischen Einladungen für Freunde und

Einladungen für Gäste, die vielleicht schon öfter bei mir waren oder zum ersten Mal kommen – um einen Geburtstag oder einen Feiertag zu begehen, ein mögliches Geschäft zu besprechen oder einen Dank in Gestalt eines Menüs auszusprechen. Einladungen für Freunde sind mir natürlich am liebsten. Ich kenne sie als Menschen und ich kenne ihre Essgewohnheiten; da herrscht von Grund auf schon eine lockerere Atmosphäre.

Die Regeln, die ich nun formulieren möchte, gelten im Großen und Ganzen aber für alle Einladungen. Und ich halte sie keineswegs für eine Einschränkung von persönlicher Freiheit; sie können dazu beitragen, die gemeinsamen Stunden entspannt zu erleben und Freude an Gesprächen und Genüssen zu haben. Jeder von uns hat schon erlebt, wie schnell und nachhaltig sich eine knisternde Atmosphäre über eine Mahlzeit mit Gästen legen kann. Die Kunst des Gastgebens besteht darin, zu wissen, welche Tasten man anschlagen muss.

lane eine Einladung rechtzeitig und detailliert. Gewisse saisonale Besonderheiten sind nur begrenzt verfügbar oder werden nur im Vorfeld angeboten. Am Vormittag des 11. November eine Martinigans oder am Karsamstag ein Kitz oder eine Milchlammkeule zu besorgen, kann ziemlich schiefgehen; und wenn du am 31. Dezember oder am Vortag des Aschermittwochs Fisch kaufen gehst, wird es vermutlich noch genug davon geben, aber du wirst dich beim Händler elendslang anstellen müssen. Fisch solltest du, wenn möglich, ohnehin im Ganzen kaufen; frische ganze Fische haben mit einem oder zwei Tagen im Kühlschrank auch kein Problem.

2. Für den Gast gilt: Teile Unverträglichkeiten oder Abneigungen zeitgerecht mit. Ich halte das für eine Bringschuld des Gastes.

3. Gestalte das Menü, wenn dir Einschränkungen mitgeteilt worden sind, so, dass die sogenannten Beilagen – etwa

für Vegetarier – auch ohne Fleisch oder Fisch ein sinnvolles und würdiges Gericht ergeben. Für mich ist die große Küchenoper Tafelspitz ein wunderbares Beispiel dafür. Er besteht neben dem Siedefleisch aus gerösteten Erdäpfeln, Schnittlauchsauce, Apfel- oder Semmelkren, Cremespinat. Dazu noch ein Spiegelei zu braten, ist kein unbewältigbarer Aufwand und zugleich eine nette Aufmerksamkeit für Fleisch ablehnende Gäste. Und zu guter Letzt ist es auch gar nicht unvernünftig, den Spieß umzudrehen und eher das Fleisch als Beilage zu betrachten.

4. Veranschlage den Zeitaufwand proportional zum Menü. Ein Tag ist nie zu viel, wenn man nicht in Stress geraten will; viele Küchentechniken erfordern auch schon Arbeiten an den Tagen davor – zum Beispiel, wenn du etwas marinierst.

5. Vier Gänge sind genug. Oder: Vier Gänge gewissenhaft zubereitet auf den

Tisch zu bringen, ist sogar eine recht ordentliche Leistung. Wenn du glaubst, ein kürzlich genossenes, ausführliches Menü in einem gehobenen Restaurant übertreffen zu müssen, dann rufe dir in Erinnerung, dass das nicht eine Person, sondern eine ganze Mannschaft zubereitet hat. Außerdem bist du der Gastgeber, der auch Zeit für die Gäste haben sollte.

6. Koche nie ein komplexes Gericht zum ersten Mal für Gäste. Du hast Menschen eingeladen, nicht Versuchskaninchen. So etwas wie ein gebackenes Ei erstmals zuzubereiten, wenn der Chef mit seiner Frau zum Essen kommt, ist purer Wahnsinn. Bei dieser Regel gilt jedoch eine Ausnahme: Wenn du mit Freunden die Leidenschaft für gemeinsame, ausgedehnte Kochereien teilst, scheue keine Experimente. In diesem Fall kann das Wechselspiel aus Spaß und Mühe, Scheitern und Erfolg einen unterhaltsamen und spannenden Tag oder Abend ergeben.

7. Gestalte das Menü als Wechselspiel aus vorbereiteten und à la minute zubereiteten Speisen. Wenn du mehrere Gänge so zubereitest, dass du die Produkte erst kurz vor dem Servieren vom rohen in den gegarten Zustand befördern musst, verabschiede dich gleich zu Beginn als Gastgeber, denn dann bist du Koch und Kellner. Suppen, Saucen, Salatmarinaden oder Schmorgerichte können fast fertig auf ihren Einsatz warten. Und du hast dann Zeit und Konzentration genug, als Hauptgang ein Steak in der beabsichtigten Garstufe hinzukriegen.

8. Regel 5 bis 7 kurz zusammengefasst: Geh nie an deine Grenzen oder gar darüber hinaus. Wenn du ins Schwimmen gerätst, sind die möglichen Folgen betretenes Schweigen oder verstohlene Blicke der Gäste untereinander. Und die Stimmung gerät an die Kippe.

9. Verschone deine Gäste mit allzu ausführlichen Erzählungen über die Entstehung des Menüs, die Beschaffung

der Zutaten und deren Produktionsgeschichte. Hier ist Feingefühl angebracht. Mancher Gast wird vielleicht nur aus Höflichkeit Fragen stellen, ein anderer wieder mag tatsächlich an den letzten Details interessiert sein. Es gibt auch in der Spitzengastronomie gelegentlich die Tendenz, den Gast über Gebühr zu belehren und zu bevormunden.

10. Prahle nicht mit deinen Kochkünsten. Wer sich für den Mittelpunkt der Küchenwelt hält, kann auch in den Verdacht geraten, mit Kritik und unnötigen Verbesserungsvorschlägen nicht hinter den Berg zu halten. So könntest du dich um die Gegeneinladung bringen.

11. Setze Einladungen zum richtigen Zeitpunkt an. Wirklich deftige Speisen sind für ein Abendessen ungeeignet. Servierst du um 20 Uhr oder noch später eine Gans mit Knödeln und Rotkraut, wird sich bald nach dem Essen bleierne Müdigkeit über dich

und deine Gäste legen, und alle werden eher schlecht schlafen. Gibt es die Gans jedoch um 13 Uhr, wird dein Vorschlag, vor dem Dessert vielleicht einen kleinen Spaziergang zu machen, kaum auf taube Ohren stoßen. Diese paar Schritte sind eine kleine, kostbare Erholung für Gast und Gastgeber.

12. Wenn du für Gäste kochst, haben Fertigprodukte nichts in der Küche verloren; nein, genauer gesagt: erst recht nichts. Warum? Es ist ganz einfach respektlos, für Gäste, die man bekochen will, fertige Knödel aufzuwärmen, vom Erzeuger mariniertes Fleisch zu braten oder einen Becher Fertigmarinade über den Salat zu kippen.

13. Sorge dafür, dass der Tisch gedeckt ist, wenn die Gäste kommen.

14. Wenn du zum Kochen Wein brauchst, verwende ihn auch nur zum Kochen.

15. Behalte die Übersicht über deinen Geschirr- und Geräteaufwand. Dabei hilft dir schon Regel Nr. 7 entscheidend. Das Zauberwort für organisiertes Ko-

chen lautet *Mise en Place*. Der Begriff aus der französischen Küchensprache beschreibt die gründliche Vorbereitung für einen reibungslosen Ablauf bei der Fertigstellung von Speisen. Das bedeutet, dass einzelne Zutaten gebrauchsfertig bereitstehen: zum Beispiel das gewürfelte Wurzelgemüse für Schmorgerichte, die gehackten Kräuter, die fein geschnittenen Zwiebeln, der geriebene Käse, das gespickte Fleisch, der gewaschene Salat und so fort.

16. Führe ein Gästebuch, in dem du notierst, was du für wen gekocht hast. Nichts ist peinlicher, als wenn die Müllers nach einem halben Jahr wiederkommen und du ihnen schon wieder Rindsrouladen servierst. Die glauben womöglich, dass du nicht mehr kannst. Oder sie nehmen an, dass du den letzten Abend mit ihnen längst vergessen hast. Beides ist nicht gut.

Probier doch einmal das!

Brot und Pilze

Wenn die Gäste kommen, kannst du ihnen diese Brote, die du bereits fix und fertig vorbereitet hast, zum Aperitif reichen. Nimm einen Laib ein bis zwei Tage altes Sauerteigbrot, schneide es in dünne Scheiben und dann in mundgerechte Stücke. Dann trockne das Brot im warmen Ofen, bis es schön knusprig ist.

Hacke möglichst trocken geputzte Pilze deiner Wahl klein – am besten solche, die du selbst gefunden hast, wie etwa Steinpilze, Eierschwammerl, Parasol oder Morcheln –, schneide etwas Zwiebel fein und erhitze die Pilze in einer Pfanne mit etwas Butter, zerdrücktem Knoblauch, Rosmarin, Salz und Pfeffer. Warte, bis das austretende Wasser wieder verdunstet ist und rühre etwas Topfen und Crème Fraîche unter die Pilze. Würze eventuell mit Steinkleepulver nach und rühre alles zu einer homogenen Paste. Gib so viel Pilzcreme auf die ausgekühlten Brote, wie du willst.

Reibe zum Schluss etwas Parmesan oder alten Bergkäse darüber. Die edle Variante: Hoble frische weiße Trüffel über die Brote.

Kapitel 5

Koche im Einklang
mit Natur und Jahreszeit!

Reden wir nicht lange um den heißen Brei herum: Es gibt nichts, das uns in Küchenbelangen so unabhängig und frei von kommerziellem Druck und Bevormundung macht wie Essbares aus eigener Manufaktur – selbst zubereitete Speisen, selbst angebaute oder gefundene Pflanzen, selbst konservierte Nahrungsmittel. Selbstgemachtes erfüllt uns mit Stolz; es erzeugt ein Bewusstsein für die Abläufe in der Natur, was wiederum zu einem größeren Respekt vor Nahrungsmitteln führt. Und nicht zuletzt wissen wir bis ins kleinste Detail, was wir verarbeiten. Der Vergleich macht uns sicher: Ein frisch gebackenes Brot fühlt sich ganz anders an als eines aus den sogenannten Backboxen der Lebensmittelindustrie. Wenn ich so etwas, das als Brot bezeichnet wird, in der Hand halte, denke ich immer an einen mit Luft gefüllten Hefeballon. Es ist so leicht wie ein Federball und schmeckt penetrant nach Backtriebmitteln und zu viel Hefe. Gutes Brot liegt schwer in der Hand, es duftet unvergleichlich, es braucht viel weniger Hefe, wenn man ihm die Zeit gönnt, die es braucht.

Genau so wie mit den fertigen Teiglingen, die bei Bedarf aufgebacken werden, ist es mit unzähligen anderen Produkten: den wässrigen Erdbeeren aus gigantischen Plantagen, die das ganze Jahr über angeboten werden, den mehligen Tomaten, die nichts anderes als eine Schande für ihre sorten- und aromenreiche Gattung sind, den geschnittenen und vorgewaschenen Salaten in Bakterienbrutkammern aus Plastik, um die sogar hungrige Kaninchen einen großen Bogen machen. Es gibt von all dem das Gegenteil, gewissermaßen eine der Sonne zugewandte Seite, auf der

Früchte ausreifen und Geschmack ausbilden können.

Deshalb empfehle ich eindringlich: Stelle selbst her, was auch immer möglich ist, suche, was wild im Garten oder im Wald wächst, vor allem aber: Kauf bewusst ein. Ein Lebensmittel, dessen Liste von Stabilisatoren, Geschmacksträgern und Konservierungsmitteln länger ist als die Liste der Zutaten, die beschreiben, was eigentlich drin sein soll, gaukelt dir vor, etwas zu sein, was es naturgemäß gar nicht mehr sein kann. Ein Produkt, das mitten in der heimischen Saison laut Herkunftsangabe aus fernen Billigproduktionsländern stammt, macht es nur seinen Erzeugern leichter, erhöht deren Profit und schädigt letztendlich alle Erzeuger hierzulande, denen es existenziell gar nicht möglich ist, mit den Preisen von Massenprodukten mitzuhalten: zum Beispiel die Fisolen aus Ägypten, die Äpfel aus Chile, die Petersilie aus Kenia. Deshalb rate ich, mit offenen Augen einkaufen zu gehen. Da gehört der

Blick auf das Etikett eines Produktes nun einmal dazu; unsere Freiheit und Selbstbestimmtheit wächst, indem wir den Spieß einfach umdrehen. Frag beim Einkauf einfach nach, ob es regionale Alternativen zu einem Produkt gibt. Steter Tropfen höhlt den Stein; sei du es, der die Nahrungsmittelindustrie erzieht.

Und es gibt noch eine bessere Möglichkeit: Kaufe Lebensmittel, die gar nicht erst etikettiert sind. Wo findet man diese? Auf Märkten, vor allem Bauernmärkten, auf Fahrten durch das Land, wo in nahezu jedem Dorf Schilder mit den angebotenen Produkten vor den Hofeinfahrten stehen, oder bei Produzenten, die auch Lieferanten der gehobenen Gastronomie sind. Sie sind relativ leicht zu finden, denn diese Hersteller verschweigen das in der Regel nicht.

Ich will nicht anmaßend sein, aber gerade bei den Letztgenannten wirst du mit besonderer Qualität belohnt, denn wir Köche sind es, die oft schon seit vielen Jahren mit diesen Landwirten zusammenarbeiten und gemeinsam Standards entwickelt haben. Wir reden mit ihnen über natürlichen Pflanzenschutz und über Sortenvielfalt, wir schnapsen uns den richtigen Zeitpunkt für die Ernte aus und sind bereit, unsere Wertschätzung für ein Produkt auch durch den Preis auszudrücken, den wir dafür bezahlen. Es ist eine wunderbare Symbiose: Wir kriegen, was wir wollen und brauchen, nämlich erstklassige, naturbelassene und saisonale Ware; die Bauern erhalten eine vernünftige Lebensgrundlage und fortlaufend Mundpropaganda. In den Restaurants verschweigen wir nämlich nicht, wer uns diese besondere Qualität beschert hat. Du bist an solchen Orten, das kann ich versprechen, gut aufgehoben.

Bevor nun die entscheidende Frage auftaucht, will ich sie gleich selbst stellen: Biologisch oder konventionell? Das ist mittlerweile heikles Terrain. Eine differenzierte Antwort darauf kann ähnliche Reaktionen hervorrufen, wie wenn ich jemandem, der sich streng vegan ernährt, davon überzeugen will, ein mit faschiertem Milchlammfleisch gefülltes Stubenküken zu verspeisen. Die biologische Landwirtschaft gilt weithin als sakrosankt. Wir aber haben uns hier in diesem Buch verabredet, um alle Ernährungsfragen kritisch zu beleuchten, also müssen wir auch über das Schlagwort *Bio* reden. Mit Bio verbinden wir eine heile Bauernwelt; die biologische Landwirtschaft gilt als ehrlich, gesund und nachhaltig, sie entzieht sich schon allein mit ihrem Siegel weitgehend jeder Kritik. Und sie ist zu einem mittlerweile imposanten Markt herangewachsen. Mehr als sechs Prozent landwirtschaftlicher Flächenanteil in der Europäischen Union sind beeindruckend; in Österreich sind es sogar 20 Prozent. Wir sprechen also eindeutig von Massenproduktion, und es liegt in der Natur der Sache, dass diese auch fehleranfällig ist und einige ihrer ursprünglichen Ziele aus den Augen verloren hat. Bio ist keine ökologisch ganzheitliche Form der Landwirtschaft, darüber muss man sich klar sein.

Auch Bio-Produkte müssen immer wieder von den Erzeugern wegen Mängeln in der Herstellung und daraus resultierenden potenziellen Gesundheitsrisiken zurückgerufen werden. Die Gattung der schwarzen Schafe existiert auch in der biologischen Landwirtschaft; zu ihren Eigenschaften gehört es zum Beispiel, Eier oder Fleisch falsch zu klassifizieren, was wegen der höheren Preise für diese Erzeugnisse eine besonders perfide Form von Betrug darstellt. Tendenz leider steigend.

Produktionsabläufe werden ähnlich rationalisiert wie in der konventionellen Landwirtschaft. Das gilt vor allem auch für Transport und Schlachtung von biologisch gehaltenen und ernährten Tieren. Selbst die Funktionäre der Bio-Landwirtschaft bemängeln diese Situation, in der sämtliche Bemühungen der Bio-Bauern durch den Stress der Tiere im Schlachthof zunichte gemacht werden können. Der Widerstand gegen die stressfreie Schlachtung auf der Weide ist bis heute von Erfolg gekrönt; wer es dennoch tut, macht sich strafbar.

Laut einer neuen Studie verbessert die biologische Landwirtschaft auch keineswegs die regionale und damit ökologisch nachhaltigere Versorgungslage. Die Bio-Erträge pro Hektar, zum Beispiel von Getreide und Kartoffeln, sind nämlich deutlich geringer als prognostiziert. Die logische Konsequenz daraus: Je mehr Bio-Flächen es gibt, desto größer wird auch der Bedarf an Lebensmittelimporten.

Ich kann auf diese Fakten nur differenziert antworten. Kauf dennoch im Zweifel biologische Produkte, aber jage ihnen nicht um jeden Preis hinterher, denn dadurch schmälerst du auch deine Selbstbestimmung. Bei Bio-Produkten kannst du davon ausgehen, dass Pflanzen ohne chemische Düngemittel und Tiere ohne Antibiotika heranwachsen. Du kannst – das ist durchaus erfreulich – mit einer größeren Vielfalt rechnen, mit traditionellen Tierrassen und fast vergessenen, zum Glück wiederbelebten Gemüsesorten. Das ist nicht wenig, aber auch nicht alles.

Die biologische Landwirtschaft hat auch kein Monopol auf diese Vorteile. Für unser Restaurant etwa kaufen wir nahezu ausschließlich bei Erzeugern, die wir persönlich kennen. Meinem Bruder Karl und mir geht es um Vertrauen und Handschlagqualität. Diese Bauern mögen das Bio-Siegel haben oder nicht, für uns verkörpern sie einen Slogan, den wir sehr schätzen: *Small is beautiful.*

Und sie leben den biologischen Gedanken ohne die dazugehörige Klassifizierung. Einige von ihnen haben das Bio-Siegel zurückgegeben oder gar nicht erst beantragt, weil sie sich den enormen bürokratischen Aufwand nicht antun wollen. Was einer einmal zu mir sagte? »Ich pfeif auf die Auszeichnung, weil ich ohnehin natürlich produziere. Entweder man glaubt mir oder nicht.«

Ich halte es für keine schlechte Idee, mit solchen Landwirten Bekanntschaft zu schließen. Sie haben sich für Freiheit und Unabhängigkeit entschieden; Geschäfte mit ihnen sind Geschäfte unter selbstbestimmten Menschen, bei denen der Handschlag musikalisch untermalt wird von gackernden Hühnern auf dem Misthaufen, fröhlich grunzenden Schweinen unter Streuobstbäumen und genüsslich muhenden Kühen auf der Weide. Und zwar in der Realität, nicht bloß in der Fernsehwerbung.

Aber wie ich bereits erwähnt habe: Pflanze, züchte, suche und verarbeite so viele Rohstoffe wie möglich selbst. Es ist in der Tat erstaunlich, was für vielfältige Vorräte an echten Lebensmitteln dadurch zustande kommen können.

Im ersten Schritt lege dir eine kleine Kollektion an Küchenkräutern zu. Du hast keinen Garten, keine Terrasse und keinen Balkon? Ein Fensterbrett reicht völlig. Wähle auch weniger gebräuchliche Kräuter aus als Basilikum, Rosmarin, Minze, Petersilie und Thymian (selbst unter diesen gibt es übrigens eine beachtliche Vielfalt an aromatisch deutlich unterscheidbaren Sorten). Baue auch Zitronenverbene, Currykraut, Portulak oder Borretsch an. In etwas größeren Töpfen gedeihen sogar Salate, Radieschen, Tomaten und Paprika – lauter Pflanzen, die es ebenfalls in enormer Sortenvielfalt gibt.

Erkenne auch das Genießbare in der Natur. An feuchten Ufern findest du zeitig im Frühjahr bereits die frische Bachkresse, in Auwäldern den ohnehin populären Bärlauch; die ersten Triebe des Löwenzahns ergeben einen köstlichen Salat, die geschlossenen Knospen kannst du einlegen wie Kapern, die Wurzeln, wenn sie später im Jahr pfahlförmig und fingerdick geworden sind, kochst du weich und lässt sie in Distelöl zu feinem Gemüse für kalte Gerichte heranreifen. Und vergiss auf keinen Fall die jungen Brennnesseln, aus denen man Brennnesselspinat zubereitet, und die ausgereiften Samen der ausgewachsenen Pflanzen, die über Salate und andere kalte Gerichte gestreut werden. Für weniger bekannte Pflanzen, die einst als Unkraut galten und heute etwas freundlicher Beikraut genannt werden, beschaffe dir ein Bestimmungsbuch für Wildkräuter, erwirb daraus etwas Grundwissen und schwärme aus. Im Prinzip gilt: Sei nie zu faul, dich zu bücken!

Versuche dich darüber hinaus an der Herstellung von Lebensmitteln, von denen du immer geglaubt hast, man könne sie nur in fertigem Zustand erwerben. Dazu gehören Sauerkraut, Teigwaren oder Joghurt.

Kaufe, soweit deine Kapazitäten zur Verarbeitung ausreichen, ganze Tiere. Natürlich wirst du in deiner Küche keine Kuh und keinen Hirsch zerteilen können, aber ein Lamm, Reh oder Milchferkel sollten in den meisten Fällen kein Problem darstellen, Geflügel aller Art oder Kaninchen schon gar nicht. Ein ganzes Tier beschert dir verschiedene Stücke für ganz unterschiedliche Zubereitungsarten (von einem Schwein zum Beispiel alles vom Filet über die Stelze bis zum Rückenspeck, aus dem du selbst Grammeln herstellen kannst), es erleichtert die Vorratshaltung, du erhältst in Form von Knochen, Karkassen und Abschnitten ausgezeichneten Rohstoff für echte, natürliche Saucen; und du wirst mit großer Wahrscheinlichkeit weniger dafür bezahlen, als wenn du einzelne Teile kaufst. Ganz besonders gilt das für Wild. Heimisches Wild ist in der Regel von erstklassiger Qualität und bei den Wildsammelstellen der Forstverwaltungen überraschend günstig zu haben.

Meine Vorschläge für einen selbstbestimmten und respektvollen Umgang mit Nahrungsmitteln mögen auf den ersten Blick so klingen, als würde ich das Szenario einer dieser Fernsehshows entwerfen, in denen Menschen zusammengesperrt werden, um das alltägliche Leben vor 100 Jahren nachzuvollziehen, in gewissem Sinn also zu den Ursprüngen unserer Traditionen zurückkehren. Ganz falsch ist das auch nicht. Wenn wir uns von den

falschen Versprechungen und den Bevor-
mundungen der kostenoptimierten Massenproduktion von Lebensmitteln entkop-
peln wollen, wenn wir die unverfälschten
Eigenschaften eines Genussmittels wahrnehmen wollen, führt der Weg zwangsläufig in Zeiten zurück, in denen unsere
Eltern und viel mehr noch die Großeltern
erledigten, was heute die Industrie für uns
besorgt. Die heutige Generation 50 plus ist
wohl die letzte, die sich noch an die Ge-
schmäcker von damals erinnern und sie
abrufen kann. Das gipfelt häufig in der
Verklärung einer »Küche wie zu Groß-
mutters Zeiten«.

Bedingter Einspruch! Abgesehen davon, dass wahrlich nicht jede Großmutter
eine begnadete Köchin war und ihr Re-
zeptheft es deshalb nicht wert ist, am Leben erhalten zu werden (außer als persön-
liche Erinnerung), sollten wir uns generell
die Rosinen aus dem großen Kuchen der
Tradition picken. Ich mag dieses schon oft
bemühte, dem Komponisten Gustav Mahler zugeschriebene Zitat ganz besonders

gern; es lautet: »Tradition ist nicht die An-
betung der Asche, sondern die Weiterga-
be des Feuers.«

Tatsächlich hat Mahler das auch in seiner wunderbaren Musik gelebt: zum Beispiel, indem er Melodien alter Volkswei-
sen in seine Symphonien an der Schwelle
zur Moderne einarbeitete. Genau das sollten wir auch in der Küche tun, denn er-
starrte Tradition kann auch schwer im
Magen liegen.

Ein paar Beispiele nur: der übermäßi-
ge Gebrauch von Fett, die verschwenderi-
sche Verwendung von Mehl jenseits der
Backstube, das Zu-Tode-Kochen von Gemüse oder der Glaube, dass nur ein glü-
hend heißer Herd ein guter Herd ist.

Zu den Rosinen der Tradition zähle ich
die Fähigkeit und Bereitschaft, Lebensmittel nur mithilfe ihrer ureigenen physikali-
schen und biochemischen Eigenschaften
(also ohne Hilfe von Substanzen, die nur
promovierte Chemiker und Physiker kennen) zu verarbeiten, die Natur in ihrer
Gesamtheit (vom Kräutertopf am Fenster-

brett bis zu den essbaren Pflanzen und Pilzen im Wald) als potenziellen Lieferanten für Genießbares zu betrachten oder die einst selbstverständliche Vielfalt an Obst, Gemüse und Tierrassen.

Diese Vielfalt erscheint mir besonders wichtig, denn sie ist massiv bedroht. Ein Versuch von Konzernen und ihren Lobbyisten, den freien Verkehr von Saatgut massiv zugunsten von wenigen Konzernen einzuschränken (Stichwort: EU-Saatgutverordnung) ist vor Kurzem zwar gescheitert, aber die Gefahr für die Sortenvielfalt ist dadurch längst nicht gebannt.

Merke dir deshalb den 22. Mai jedes Jahres und streiche ihn rot im Kalender an. Es ist der von der UNESCO ausgerufene »Internationale Tag der biologischen Vielfalt«. Stell einen Topf mit meinetwegen einer alten Radieschensorte ins Fenster und betrachte den 22. Mai als Feiertag wie den Nationalfeiertag, an dem manche Menschen die Nationalflagge aus dem Fenster hängen. Wenn wir freie Menschen in freien Küchen und Gärten sein wollen, sollte dieser Tag der Vielfalt noch viel mehr in unser Bewusstsein rücken.

Probier doch einmal das!

Pflücke einige größere Blätter vom Walnussbaum und besorge dir ein paar Stücke recht weiches Fleisch, zum Beispiel Huhn, Kaninchen oder Rehrücken. Schneide das Fleisch in walnussgroße Stücke und mariniere es mit asiatischen (Ingwer, Zitronengras, Sojasauce, Koriandergrün, geriebene Limettenschale und ein paar Tropfen Sesamöl) oder mediterranen (Rosmarin, Zitronenverbene, Thymian, Knoblauch und Olivenöl) Kräutern und Gewürzen. Dann wickle jedes Stück Fleisch in ein Nussblatt und fixiere es mit einem Zahnstocher, erhitze ausreichend Fett (Butterschmalz, Erdnussöl oder Sonnenblumenöl) auf etwa 145 Grad und backe die Nuss-Fleisch-Pakete darin knusprig. Dazu gibst du einen Dip deiner Wahl.

Wenn du mit den Nussblättern etwas Süßes machen willst, schneide einen Briochewecken oder ein Butterkipferl (das Gebäck kann ruhig schon altbacken sein) in mundgerechte Stücke, wickle diese in die Nussblätter, fixiere sie mit Zahnstochern, backe sie aus und bestreue die Stücke mit Staubzucker. Als Dip dazu würde ich schlicht und einfach Eierlikör vorschlagen.

Checkliste

- Hast du beim Brot kaufen schon einmal ausprobiert, ob das Gewicht des Brotes zu seiner Größe passt?
- Sind dir die Menschen, bei denen du deine Lebensmittel einkaufst (ich nenne sie gerne meine Körpertankwarte), persönlich bekannt?
- Wenn du einen Garten hast: Verwendest du Unkrautvertilgungsmittel, weil dich in Wegritzen und Beeten unerwünschte Pflanzen stören, reißt du die Pflanzen

lieber ohne Chemie aus oder lässt du das Beikraut auch ein wenig wachsen?

- Gönnst du dir und deinen Gesprächspartnern die Freiheit, die jeweils andere Meinung gelten zu lassen?
- Überprüfst du beim Einkauf die Herkunftsangaben von Lebensmitteln?
- Bleibst du bei Fahrten durch Dörfer manchmal stehen, um angepriesene Lebensmittel ab Hof zu kaufen?
- Hast du für alle Fälle eine Kühlbox im Auto, um interessante Einkäufe heil nach Hause bringen zu können?
- Hältst du es für zulässig, dass biologische Lebensmittel in Styroportassen und Folie angeboten werden?
- Welchen Preis hältst du für eher gerechtfertigt? 29 Euro für fünf Rasierklingen einer bekannten Marke oder ebenso viel Geld für ein Kilo Beiried?
- Lässt du einige Exemplare deiner Zier- und Nutzpflanzen über die Blüte hinaus wachsen, um aus ihnen Samen zu gewinnen?

Danksagung

Ideen und Gedanken finden in Gesprächen, im Austausch mit anderen Menschen, kurzum: in der Gemeinschaft, einen fruchtbaren Nährboden. Viel von dem, was ich in diesem Buch zu vermitteln versuche, war Thema an unserem Familientisch. Ich möchte mich bei meiner Familie, meinem Lebensmittelpunkt, für all das bedanken, was ich von dort mitnehmen durfte und darf. Ich danke ganz besonders meiner Frau Geli, die nicht dafür bekannt ist, zu allem Ja und Amen zu sagen, was aus vielen unserer guten Entscheidungen noch bessere gemacht hat.

Ich danke auch allen Menschen, die es für wert befinden, meine Gesellschaft zu suchen. Manchmal könnte man auch sagen, die mich aushalten. Sie haben mich viel gelehrt.

Und nicht zuletzt danke ich den Vertretern meines Berufsstandes für ihre Kollegialität, für ihre Freundschaft, für die Gedanken, die sie mir schenken. Ich möchte ausdrücklich betonen, dass ich damit jene meine, die diesen Beruf erlernt haben und mit Leidenschaft ausüben – an Abenden, an Feiertagen, sehr oft dann, wenn andere ihre Arbeit längst erledigt oder frei haben. Als Zeichen dafür tragen sie die weiße Kochjacke, die nur sie tragen dürfen sollten, und nicht all die Politiker, die sich kurz einmal derart verkleiden, wenn für sie etwas zu holen ist.

In diesem Sinne: Kocht Euch frei!

Rudi Obauer,
gelernter Koch

Rudi Obauer, österreichischer Spitzen-koch, führt gemeinsam mit seinem Bruder Karl das Restaurant und Hotel *Obauer* in Werfen. Traditionell verwurzelt, schnup-perte er als junger Koch die Luft der gro-ßen internationalen Küche. Inspiriert von Bocuse, bildete er sich in den Küchen der kulinarischen Trendsetter Europas weiter. Seine Küche ist hoch dekoriert und eine Fixgröße am Kulinarik-Firmament. Ge-meinsam mit seinem Bruder hat er mehre-re erfolgreiche Kochbücher verfasst.

Klaus Kamolz wurde 1963 in Villach ge-boren und studierte Publizistik und Thea-terwissenschaft. Der langjährige Redak-teur und nunmehriger Kulinarik-Kolum-nist des Nachrichtenmagazins *Profil* ist beim Magazin *Servus in Stadt & Land* für Küchen- und Gartenthemen zuständig.